Norman Ruch

Körpersprache

Authentisch auftreten –
überzeugend kommunizieren

2. Auflage

W0247132

POCKET BUSINESS

Cornelsen

SCRIPTOR

Bibliografische Information der Deutschen Nationalbibliothek
Die Deutsche Nationalbibliothek verzeichnet diese Publikation in der
Deutschen Nationalbibliografie; detaillierte bibliografische Daten
sind im Internet über http://dnb.d-nb.de abrufbar.

© Cornelsen Scriptor 2013   D C B A
Bibliographisches Institut GmbH
Dudenstraße 6, 68167 Mannheim

Redaktion Dr. Hildegard Hogen, Jürgen Hotz
Herstellung Judith Diemer
Umschlaggestaltung glas-ag, Seeheim-Jugenheim
Umschlagabbildung © INFINITY – Fotolia.com (Handschuhe)
Satz Fotosatz Moers, Viersen
Druck und Bindung Freiburger Graphische Betriebe
Bebelstraße 11, 79108 Freiburg im Breisgau
Printed in Germany

ISBN 978-3-411-87052-3

Inhalt

Einleitung

Ich war nur ein Zwerg auf den Schultern von Riesen,

... sagte Isaac Newton (1643–1727), der einst Münzenzähler am englischen Hof war, die Schwerkraft erkannte und das Spektrum der Sonne beschrieb. – Mit diesem wunderschönen Zitat möchte ich mein Buch beginnen.

Ich erfinde nichts Neues. Ich führe lediglich zusammen, was manche „Riesen" entdeckt haben. Stehe ich auf deren Schultern, genieße ich einen wunderbaren Weitblick. So komme ich letztendlich zu Erkenntnissen, die in diesem Buch niedergeschrieben sind.

Die grundsätzlichen Fragen, die zu meiner Daseinsberechtigung als Körpersprachecoach und Autor führen, decken sich wahrscheinlich mit denen meiner sehr geehrten und herzlich willkommenen Leser. Sie sind motiviert, über Körpersprache etwas mehr zu erfahren. Wären Sie meine Live-Seminarteilnehmer, würde ich Sie nach Ihren persönlichen Erwartungen und Bedürfnissen fragen. Das ist mir genau in dieser Sekunde, in der Sie mein Buch lesen, leider nicht möglich.
Nun habe ich schon Hunderte von Seminaren gegeben, seit dem ersten Training war mir Folgendes klar: Nimmt der Teilnehmer einen Nutzen mit, ist er sehr motiviert, mitzuarbeiten, und er kann seine Erkenntnisse auf seinen Berufsalltag übertragen. Das ist der Idealzustand.

Der Körper folgt dem Geist, den Gedanken. Dieser Satz hat sich durch meine Seminararbeit entwickelt. Meine Gedanken lenken willkürlich oder unwillkürlich meinen Körper. Blickt ein Abteilungsleiter während eines Mitarbeitergesprächs laufend auf die Uhr, aus dem Fenster oder auf die Zimmerlampe, könnte der Eindruck entstehen, er sei nicht konzentriert oder schon beim nächsten Termin.

Mein Buch soll Ihnen Anregungen geben. Ich hoffe, Sie zu inspirieren und zu motivieren, möglicherweise kann ich Sie sogar auf dem Lösungsweg geistig begleiten.

In diesem Buch finden Sie sowohl theoretische Betrachtungen als auch viele Übungen, die leicht nachvollziehbar und umzusetzen sind. Unterstützt werden sie durch fast ebenso viele Bilder der Übungssequenzen. Danach habe ich selbst viele Jahre gesucht und mein Lösungsvorschlag liegt direkt vor Ihnen.

Hier ein Extrakt der in Seminaren häufig gestellten Fragen:
- Wie komme ich rüber, wie werde ich gesehen?
- Wie interpretiere ich die Körpersprache meiner Mitmenschen?
- Wie nutze ich Körpersprache im beruflichen Alltag, um erfolgreicher zu kommunizieren?
- Was mache ich mit meinen Händen, wie setze ich sie sinnvoll ein?
- Wie gehe ich mit einem Laserpointer, Stift oder auch einer Computermaus in einer Präsentation (PowerPoint oder Flipchart) um?
- Wie stehe und bewege ich mich während einer Moderation oder Präsentation?
- Welche Gestik, Mimik oder auch Körperposition sollte ich vermeiden?
- Wie kann ich Situationen auflockern, um das Potenzial meines Gegenübers zu fördern oder auch zu fordern?
- Wie sieht eine Verhandlung oder ein Verkaufsgespräch im Sitzen aus?
- Wie führe ich mit Körpersprache?
- Welche Positionen und Tipps kann ich für ein Bewerbungsgespräch mitnehmen?
- Was kann ich über Körpersprache noch erfahren?

Das sind keine einfach zu beantwortenden Fragen. Zu schnelle Antworten, zu dogmatische Aussagen, zu wenig Freigeist widersprechen meiner Haltung.

Was dürfte nicht passieren, wenn Sie dieses Buch lesen? Das können nur Sie selbst beantworten. Ich gehe davon aus, dass Sie nicht gelangweilt werden möchten. Mit bestem Wissen und Gewissen habe ich mir Mühe gegeben, ein interessantes und praxisnahes Buch zu schreiben.
Ich trage in mir pädagogische, humanistische Ansätze, hatte und habe das große Vergnügen, systemischen Lehrern zu begegnen und selbst noch viel lernen zu dürfen. Zudem lebe ich als aktiver Pantomime eine körperbetonte Ausdrucksvielfalt. Seit 1989 habe ich ca. 2000-mal auf der Bühne gestanden. Dieses Buch widme ich meiner Frau Anke und meinen beiden Töchtern Janine und Amelie-Rahel.

Natürlich würde ich mich auch freuen, Sie als Teilnehmer meiner Kurse, im Einzelcoaching oder auch als Zuhörer meiner Speaker-Tätigkeit zu begrüßen.
Gern können Sie mir Ihre Anregungen oder Fragen übermitteln – per E-Mail, postalisch oder telefonisch:

Körpersprache-Trainer
Norman Ruch
Gutenbergstrasse 23
68775 Ketsch
Tel. 06202-575493
Fax. 06202-64888
www.norman-ruch.de
info@norman-ruch.de
www.pantomime-norman.de

Ketsch, im Sommer 2012   Norman Ruch

1 Körpersprache

Mittel zum Zweck

Die Körpersprache ist eine spezifische Kommunikationsform, die alle Lebewesen unseres Planeten von Natur aus haben. Dazu bedarf es auf den ersten Blick keiner kognitiven
Leistung.

In diesem Buch geht es um menschliche Körpersprache, die
einige Parallelen zu den anderen Lebewesen (Säugetieren,
speziell Primaten) zeigt. Einzeller und Pflanzen ziehe ich
nicht in Betracht, wobei man auch hier eine Körpersprache
feststellen kann, auch wenn die Mobilität und die Varianten
eingeschränkt sind.

Also konzentrieren wir uns hier auf die Spezies Mensch, die
evolutionär noch gar nicht so lange existiert. Unsere Erde hat
eine lange Geschichte. Ein Menschenleben, selbst ein paar
Hundert Jahre sind ein Augenblick in der Evolution.

Evolution ist die Entwicklungsgeschichte der Welt, wir sind
ein kleiner Teil davon und tragen deren genetische Informationen.

> Es gibt immer einen kommunikativen Dialog der Körper-
> sprache, wenn Menschen aufeinandertreffen.

Die Mehrabian-Studie

An der University of California (UCLA) untersuchten Profes-
sor Albert Mehrabian und John T. Friar die Erfolgsfaktoren
der Kommunikation im Business. 1971 stellten sie ihre Studie
der Öffentlichkeit vor.

Demnach wird eine erfolgreiche Kommunikation bestimmt durch drei Faktoren:

1. Körpersprache, Gestik und Mimik,
2. Stimme, Sprache und Stimmung,
3. Inhalt.

Generell fanden die Forscher heraus, dass das gesprochene Wort mit der äußeren Körpersprachehaltung übereinstimmen muss, damit Menschen erfolgreich kommunizieren können.

Das Ergebnis, die prozentuale Verteilung der Erfolgsfaktoren, erstaunte und erstaunt noch heute viele Leser:

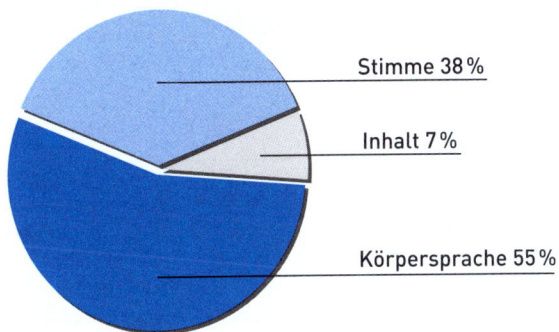

Die Erfolgsfaktoren und ihre Verteilung

Es kommt also sehr stark darauf an, wie ich etwas sage. Kunden etwa gehen ohnehin von korrekten Informationen aus, wenn sie Vertrauen zu dem Auftraggeber haben.

Kommunikation

Bevor ich auf die Körpersprache genauer eingehen werde, möchte ich einige Grundbegriffe klären.

Der Kommunikationswissenschaftler und Psychotherapeut Paul Watzlawick (1921–2007) verfeinerte und erweiterte das Sender-Empfänger-Modell: In jeder Kommunikation gibt es einen Sender, einen Empfänger, eine Botschaft (Message) und ein Feedback. Über ein Medium werden die Botschaften transportiert. Störungen kann es mannigfaltig geben.

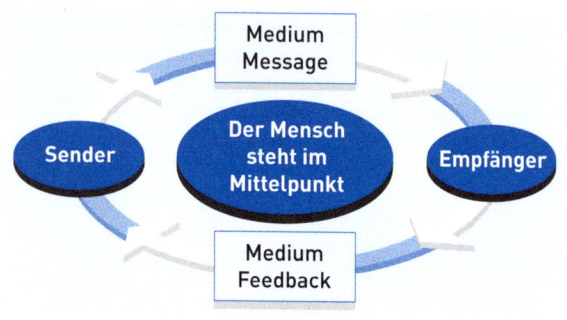

Kommunikationsmodell

Träger der Nachricht in der Kommunikation kann die Stimme, die Körpersprache oder können auch verschiedene Übertragungsmittel wie Computer, E-Mail, Telefon, SMS, MMS, Faxgeräte, PowerPoint-Präsentationen, Flipcharts, Pinnwände etc. sein. Morsezeichen, Rauchzeichen der Naturvölker und selbst Briefe sind heute seltener genutzte Medien.

Wir informieren, präsentieren Zahlen, Daten und Fakten, verkaufen, besprechen, widerlegen, argumentieren, beschreiben, moderieren Krisensitzungen, nutzen Flipcharts, bekleben Wände, drehen Werbefilme und Clips, schreiben Werbesongs etc. – doch wird uns trotz der Medienvielfalt und der Informationsflut klar, dass der Mensch letztendlich im Mittelpunkt der Kommunikation steht?
Mit seinem körperlichen Erscheinen werden dreidimensionale Empfindungen und Wahrnehmungen möglich und

Emotionen aufgebaut. Es kommt nicht so sehr darauf an, was wir präsentieren, sondern wie wir präsentieren, ob das Feuer schon entzündet ist, wir für eine Sache brennen oder ob wir schon längst ausgebrannt sind.

Wir sehen einem glücklichen Menschen diese Eigenschaften an, wir haben ein Bauchgefühl. Wir spüren Motivation und Emotion durch Informationen unseres Gehirns, können dies schwer rational erklären. Im limbischen System des Gehirns werden genau diese Faktoren gefiltert. Wir formulieren Worte und Sätze wie *Ich hatte so das Gefühl, Mein Bauch sagt mir ...,* *Ich hatte eine Vorahnung* etc. Ich nenne das gern „a message in the body".

Paul Watzlawick brachte das mit seinem Axiom der Kommunikation auf den kleinsten Nenner: *Man kann nicht nicht kommunizieren.* Egal was wir tun, ob Rückzug oder Angriff, Tarnung oder Entspannung, wir senden eine Botschaft mit unserem Körper, ob wir das wollen oder nicht.
Das bedeutet:

Jeder kommuniziert zu jedem Zeitpunkt, egal wie aktiv oder passiv er sich verhält. Die Botschaft wird vom Empfänger kontextbezogen interpretiert.

Wir senden Informationen, sei es sprachlicher, rhetorischer, körpersprachlicher oder auch hormoneller Art, und werden entsprechend wahrgenommen. Natürlich bedarf es entsprechender Codierung, um Sprache, Stimme, Rhetorik, und Kultur festzulegen. Rudimentärer sind dagegen die hormonellen Informationen. Das Balzgehabe, der Flirt und die Verführungsfähigkeit dienen, wie Charles Darwin (1809–1882) in seiner modernen Evolutionstheorie zeigte, eindeutig der Fortpflanzung.
Inhaltliche Interpretationen einer Botschaft, auch die der Körpersprache, sind extrem abhängig von dem kulturellen und gesellschaftlichen, politischen, religiösen oder bildungsbezogenen Kontext.

Auf den Punkt gebracht

- Körpersprache nutzen alle Lebewesen.

- Die Körpersprache ist ein entscheidender Erfolgsfaktor (55 %) in der Kommunikation.

- Der Mensch steht im Mittelpunkt der Kommunikation, nicht das Produkt.

- Wir kommunizieren zu jedem Zeitpunkt mit unserer Körpersprache.

- Körpersprache ist ein Medium, das Informationen, Gefühle und Stimmungen vermittelt.

- Der Mensch steht im Mittelpunkt einer jeden Kommunikation.

- Wichtig ist, wie ich etwas sage, unterstützt von Gestik, Mimik und Stimmung.

- Alle Menschen nutzen Körpersprache, wenige setzen sie bewusst ein.

2 Körpersprache im evolutionären Kontext

Der Mensch und seine Aufgaben

Die Spezies Mensch

Wir leben heute in einer individuellen, oft auch egoistischen und wirtschaftsgeprägten Welt. Das führt in den Industrienationen zu geringen Geburtenraten. In Italien ist der „Familien-Kind-Pegel" auf 1,0 gesunken, jede Familie hat im Schnitt ein Kind. In Deutschland liegen wir nur unwesentlich darüber, demografische Auswirkungen spüren wir jetzt schon. Die Weltbevölkerung hingegen steigt kontinuierlich, was zur Annahme führen kann, dass arme Länder und Nationen größere Nachwuchsraten haben.

Das Balz- und Triebgehabe hat in der Evolution seinen Ursprung. Das Männchen sorgt für möglichst weite Streuung seines Erbguts, der Starke überlebt.

Auch in der modernen Welt sind die Männer noch immer dieser Gesetzmäßigkeit erlegen. Sie zeigen Balz- und Alphatierverhalten, sie verhalten sich anders in der Kommunikation mit Frauen. Frauen hingegen zeigen Multitasking-Fähigkeiten, Mutterinstinkte und haben ein anderes Territorialbewusstsein, was evolutionäre Gründe hat.

In der heutigen Welt wird die Körpersprache von Männern und Frauen ähnlicher. Das hängt mit der gesellschaftlichen Entwicklung zusammen.

Spiegelung (Pacing)

Unter den Lebewesen haben die Menschen die meisten Spiegelneuronen. Einige Primatenarten, so die Makaken, besitzen auch viele, aber der Mensch ist der größte Nachäffer.

Durch Spiegelung der Eltern lernen wir, wie alle anderen Lebewesen der Erde. Es ist für viele Tierarten lebensnotwendig, die nötigen Techniken zur Nahrungsaufnahme und Nahrungsfindung zu erfahren. Die Millionen Spiegelneuronen unseres Gehirns helfen, diesen Vorgang zu perfektionieren. Sie bringen uns soziale Fähigkeiten, wir lernen Kulturen zu leben und weiterzuentwickeln oder weiterzuvermitteln.

Auf jeden Fall geschehen die meisten Spiegelungen unwillkürlich – in der Tierwelt wie bei Menschen. Kennen Sie das nicht auch? Sie sitzen abends beim Essen, ein Gast beginnt zu gähnen, und Sie gähnen einfach mit.

In der modernen Welt erleben wir Spiegelungen jederzeit:
- Die Jugend spiegelt die Elterngeneration,
- die Gesellschaft spiegelt deren Probleme.
- Die Natur spiegelt das Phänomen der Umweltverschmutzung.
- Kabarettisten spiegeln die Politik.

Im körpersprachlichen Sinne kann man Spiegelungen auch im Berufsalltag beobachten. Fühlt sich der Kunde bei einem Verkaufsgespräch wohl, hat er die Tendenz, seinen Verkäufer zu spiegeln, ohne sich dessen bewusst zu sein.

> Der Verkäufer trinkt einen Schluck aus der Tasse, die vor ihm steht. Der Käufer greift unwillkürlich auch nach der Tasse. Der Berater geht ein Stück auf Distanz, der zu Beratende wird auch zurückweichen. Beide schauen auf ein Produkt, gehen nach vorn.

Ist die Stimmung gut, funktioniert dieser Körper-Dialog. Schaffen es beide nicht, eine Ebene aufzubauen, folgen auch ihre Körper nicht einander. Fühlt sich ein Kunde oder ein Businesspartner in einem Beratungs- oder Verkaufsgespräch wohl, zeigt er eindeutige Spiegelungen im Körper gegenüber dem Berater oder Verkäufer.

Kompetenz und Souveränität werden sehr oft durch authentisch wirkende Körperspracheführung ausgestrahlt, nicht unbedingt nur durch Fachwissen, das jeder Kunde oder Käufer bei dem Berater oder Verkäufer erst einmal voraussetzt. Aber: Spult ein Verkäufer erlernte Verhaltensregeln eines Kommunikationstrainings rein mechanisch ab, ist jedoch nicht mit der guten Absicht und Überzeugung beim Kunden, so wirkt er nicht authentisch. Der Kunde hat ein unangenehmes Gefühl.

> Fühlt sich ein Kunde nicht wohl, spiegelt sich das Unwohlsein in seiner Körpersprache.

Dieses Phänomen kann ich durch unzählige Videoanalysen bestätigen. In unangenehmen Situationen kann es allerdings auch zu Fluchtreaktionen führen.

> Ein Präsentator geht forschen Schrittes auf einen kritischen Einwandgeber zu. Der arme Einwandgeber bekommt es mit der Angst zu tun und flieht durch Zurücklehnen in seinem Stuhl oder durch Zurückweichen als stehender Zuhörer. Selten wird er in solch einer unbehaglichen Situation den aggressiv empfundenen Präsentator durch ein gleiches Bewegungsmuster spiegeln.

Eine Spiegelung könnte auch zur Eskalation der Situation führen. Gewalttätiges Verhalten kann sich hochschaukeln, sodass Deeskalation schwer möglich ist. Im Extremfall führt es zu Kriegen und unvorstellbaren Handlungen.

Gesellschaftlich finden wir Spiegelungen auch in der Businessetikette. Wir lernen Benimmregeln auch im körpersprachlichen Sinne. Dazu gehören Begrüßungsrituale, Tischmanieren und kulturelle Regeln.

Führung (Leading)

Seit Menschenbeginn zeichnet sich der Mensch als innovativ und kreativ aus. In jahrtausendelangen Entwicklungsprozessen erfand der Mensch Werkzeuge – von sehr einfachen bis hin zu hoch technisierten Anlagen.

Schon die Neandertaler entwickelten Gesellschaftsstrukturen: Der Stärkste führte wahrscheinlich die Gruppe. Der Innovativste führte möglicherweise die technische „Innovationsabteilung". Die Frauen führten die Höhlen.

Heutige Nationen, Parteien, Vereine, Religionen und alle Gesellschaften brauchen eine Struktur, die meist einen oder mehrere Anführer hat, sei sie demokratisch gewählt, berufen oder gewaltsam an die Spitze gekommen. Anarchische Strukturen haben sich als Staatsform nicht durchgesetzt und hatten stets nur kurz Bestand. Anarchien in kleineren Organisationen dagegen können durchaus produktive Ergebnisse erzeugen. Chaos hat immer die Ressource der Kreativität und des Engagements.

Unsere heutige Gesellschaft liebt Freiheit, Individualität, Innovation, wissenschaftliche und technische Errungenschaften. In dieser komplexen Welt, global vernetzt, bewegen wir uns auf große Probleme zu, die wir gemeinsam lösen müssen. Ob Wirtschaft oder Natur – wir werden Strategien brauchen, die der Spezies Mensch, dem Planeten Erde, seiner Natur, seinen Tieren und Pflanzen dienlich sind und uns allen das Leben erhalten.

> Kollektive Intelligenz und Querdenker werden gefragt sein.

Das Gehirn

In unserer evolutionären Entwicklung durchschritten wir Menschen viele Zeitphasen, unser Gehirn durchlief, einfach ausgedrückt, drei Entwicklungsphasen:

- Das rationale Gehirn ist entwicklungstechnisch erst zwei Millionen Jahre alt. Rational bedeutet: Wir treffen logische, binäre, linear kausale Ja-nein-Entscheidungen, wägen nach Zahlen, Daten, Fakten ab, entscheiden eher ohne Gefühl. Diesem rationalen Gehirn schreiben die meisten Industriegesellschaften große Bedeutung zu.

Durch die Gehirnforschung, Psychologie, Evolutionsforschung und Biologie, Verhaltenstherapie und Pädagogik kamen neue Erkenntnisse in die heutige Gesellschaft. Wir sind stark von Emotionen, von Motivation geprägt und beeinflusst. Marketingexperten, professionelle Coaches und Berater nutzen die neuen Erkenntnisse und tragen sie in die Industrie und ihre Außendarstellung. Verkäufer wissen, dass der Mensch im Mittelpunkt steht, dass es darauf ankommt, wie und nicht was man präsentiert. Der Kunde steht im Mittelpunkt und kauft Emotionen.

- Eine viel tiefere Gehirnschicht ist das Instinktgehirn, entstanden vor ca. 120 Millionen Jahren. Angriff, Flucht und Tarnung sind dort angelegt. Das Fluchthormon Adrenalin sorgt für die nötige Spannung, um zu fliehen, das Glückshormon Endorphin sorgt für Entspannung und wirkt somit indirekt dem Adrenalin entgegen. Das Instinktgehirn beeinflusst unsere unwillkürlichen Handlungen.

- Die dritte und tiefste Gehirnschicht kann man als Beißoder Reptiliengehirn bezeichnen. Darin entwickelten sich instinktives Beißverhalten, Überlebenskampfhandlungen unter extremen Bedingungen.

Wir Männer sind als Jäger und Sammler stetig unterwegs. Die Gleichstellung der Frau, die zum Teil auf unsere Gesellschaft einwirkt, zeitigt Änderungen im Rollenverhalten, die auch die Körpersprache beeinflussen: Die Stimmen sowohl von Männern als auch von Frauen haben sich in den letzten 30 Jahren sehr verändert: Frauenstimmen z. B. klingen heute tiefer als früher. Frauen emanzipieren sich weiter, tragen nicht nur vermehrt Führungsverantwortung, sondern auch Anzüge.

Heute finden wir vermehrt „starke" Frauen in einem immer noch männerdominierten Management. Meiner Erfahrung nach kann ich an der Körpersprache vieler Managerinnen eben diese Anpassung diagnostizieren. Leider finden wir noch keine paritätischen Verhältnisse in den Führungsetagen der Wirtschaft, der Medizin und des Bildungswesens vor. Männer werden immer noch besser für die gleiche Arbeit bezahlt als Frauen, für mich nach wie vor unlogisch und unfair.

Betrachten wir uns selbstkritisch, muss man sagen, dass uns durch veränderte soziokulturelle Aspekte Instinkte verloren gehen, die wir gern als erhaltenswert bezeichnen. Die industrielle Revolution und ihre Auswirkungen auf die Menschen und die Kultur führen zu einer gewissen Entfremdung von der Natur.

Wir sind die Kinder unserer Zeit, was natürlich unsere Körpersprache beeinflusst. Wir erfahren Prägungen, die für unser Thema eine wesentliche Rolle spielen.

Entwicklungstheorien besagen, dass wir primäre und sekundäre Sozialisation erfahren. Primäre Sozialisation, das sind die ersten, im Kontext mit der Mutter erhaltenen Sinneserfahrung. Die Schwangerschaft, das Erleben und Erfahren im Mutterleib werden schon wissenschaftlich beleuchtet.

Auch die ersten Begegnungen mit den nächststehenden Kontaktpersonen prägen uns Menschen, meiner Meinung nach auch unsere Körpersprache. Übrigens hat Kontaktarmut und große körperliche Distanz sehr negative Folgen für die Wohlentwicklung des Kleinkindes, das Gehirn wird entsprechend verminderte Fähigkeiten zeigen. Beispiele dafür sind Wolfskinder, Kaspar Hauser und andere, die nur schwer oder nicht mehr vollständig sozialisiert werden konnten.

Die Gehirntätigkeit und mit ihr die Wahrscheinlichkeit, dass ein Kind Intelligenz aufbaut, wächst mit der Zuneigung und der Aufmerksamkeit, die es erfährt. Aufmerksame Eltern fördern ihre Kinder stärker, achten auf eine Vielfalt pädagogischer und erzieherischer Maßnahmen und auf körperliche Entwicklungen des Kindes.

Beim Sport, bei Berührungen, sexuellen und zärtlichen Handlungen werden Endorphine und Serotonin ausgeschüttet, das sind körpereigene Hormone. Endorphine sind sogenannte Glückshormone. Alle Berührungen, auch die Eigenberührung, sorgen normalerweise für glücklichere, innere Zustände. Sind wir glücklich, können wir besser mit Stress umgehen. Das zeigt sich natürlich in der Körpersprache.

Begrüßungsrituale wie Handschütteln, Umarmungen etc. sind für uns entweder gesellschaftliche Rituale oder auch Etikette. Sie können auch Zeichen von Zuneigung bis hin zur Liebe sein.
Vielen westlichen Menschen sind Berührungen unangenehm. Die Gründe dafür können unterschiedlich sein. Kulturelle oder familiäre Anpassungen bringen diese Menschen zu einer angepassten Körperkultur. Begegnen wir einem distanzierten Businesspartner, sollten wir respektvoll Abstand halten.

Praxistipp

Meine persönliche Empfehlung: Haben Sie es mit einem Kommunikationspartner im Business zu tun, mit dem Sie nicht sofort klarkommen, der Ihnen möglicherweise aus irgendeinem Grund unsympathisch ist, zeigen Sie milde Geduld. Der zweite Blick kann immer wieder Überraschendes, Positives bringen.

Persönliche Weiterentwicklung ist wünschenswert, nicht nur für unsere Geschäftspartner, auch für uns.

Auf den Punkt gebracht

- Der Mensch ist ein Produkt des evolutionären Wunders mit genau diesen evolutionären, wunderbaren Wurzeln.

- Wir führen (Leading) und folgen (Pacing), das ist in der Körpersprache gut zu sehen.

- Unser Gehirn hat entwicklungsbedingt drei Schichten: das Beißgehirn, das Instinktgehirn und das rationale Vernunftgehirn. Letzteres ist erst zwei Millionen Jahre alt.

- Körperlichkeit und Zuneigung und Teil einer Gruppe zu sein, spielt für uns eine wichtige soziale Rolle.

- So strahlt unser Körper auch das Wohlbefinden und Unwohlsein aus.

- *Der Körper lügt nie.* (Samy Molcho)

- Authentisches, also natürliches Auftreten, steht qualitativ gesehen über dem künstlichen, gestellten Erscheinungsbild.

- Achtung: Stecken Sie Menschen nicht in zu enge Schubladen! Sie persönlich verlieren sonst die Perspektiven und Blicke auf die Ressourcen Ihrer Mitmenschen. Ist Ihnen ein Kollege oder Kunde auf den ersten Blick unsympathisch, zeigen Sie bitte Geduld, wagen Sie einen zweiten Blick, das lohnt sich!

3 Meine Höhle, deine Höhle

Das Prinzip der Höhlen bestimmt noch heute unsere Kommunikation

Meine Höhle

Die Neandertaler fertigten Höhlenzeichnungen an. Sie zeigen Behausungen, in denen sie Schutz vor Kälte, Sonne, Tieren und Feinden fanden. So ist es zu erklären, dass wir heute noch eine bestimmte Idee von unserem „Zuhause" in uns tragen; und selbst Künstler, die im Zirkuswagen durch die Welt ziehen, brauchen ihr fahrbares „Haus".

Geschäftsleute, die viel reisen und vorwiegend in Hotels wohnen, können auch bestätigen, dass sie sich nach einer gewissen Zeit nicht mehr so richtig wohlfühlen. Das Hotel bietet nur einen vorübergehenden Ersatz für unser Zuhause, für unsere ureigene Höhle.

Obdachlose leben auf der Straße, das ist ihr Zuhause. Selbst in harten Wintern lehnen viele von ihnen Übernachtungsangebote von Hotels, Heimen oder städtischen Unterkünften ab.

„Meine Höhle" ist für den Menschen einer Industriegesellschaft von großer Bedeutung („mein Haus, mein Auto, mein …"). Wir wurden sesshaft, Grund- und Bodenrechte wurden definiert und ausgesprochen, wir können „unsere Höhlen" mieten, pachten oder kaufen, und wir zahlen für jeden Quadratmeter einen hohen Preis.

Auch ein Büro, ein Arbeitsplatz mit Tisch und Stuhl, ein Studio, eine Werkstatt etc. kann zu meiner Höhle werden, wenn ich mich dort lange aufhalte. Viele Menschen verbringen mehr Wachzeiten am Arbeitsplatz als zu Hause.

Die Körpersprache drückt sich deutlich in meiner Höhle aus. Dort kenne ich mich aus, kann meine Höhle gestalten, mehr oder weniger kreativ sein. Mein Körper wird locker sein, hohe Konzentrationsphasen sind möglich, und ich bin souverän in meinem Büro.

Empfange ich einen Gast, begleite ich ihn zu meinem Zimmer, weise ihm einen Stuhl zu. Damit zeige ich meinem Gast den nötigen Respekt, würdige ihn und gebe ihm das Gefühl von Sicherheit.

> Mein Auftrag ist das sichere Führen und Navigieren durch und in meine Höhle.

Deine Höhle

Hier bin ich meist fremd. Ich begebe mich in die Situation eines Besuchers, eines Kunden, der zu Besuch ist. War ich schon oft ein gern gesehener Gast, habe ich das Gefühl, ein wenig zu Hause zu sein. Das ist eine eher einfache Situation für einen Besucher, er steht nicht unter Druck, ist entspannt und zeigt eine lockere Körpersprache.

Viel schwieriger ist es, wenn man neu ist. Also gehen wir kurz auf einen Berater ein, der einen Kunden besucht oder bei einer Firma einen Auftrag schreiben möchte.

Wird der Berater freundlich begrüßt, sicher in das fremde Büro gelotst, hat er eine gute Ausgangsposition. Small Talk erleichtert ihm den Einstieg. Schön ist, wenn er sich dort gut akklimatisieren kann. – Das ist die optimale Situation, die die meisten Teilnehmer meiner Kurse jedoch kaum erleben.

Aus deren Erfahrung wird man leider oft erst gar nicht abgeholt, sucht verzweifelt das betreffende Zimmer, hat kein Navigationssystem zur Hand, muss an gewünschter Stelle lange auf den Gastgeber warten, der wiederum gestresst seinen Gast begrüßt. Nach kurzer Anlaufzeit benötigt der Gastgeber

Zahlen, Daten und Fakten, und er wird das Gespräch danach schnell beenden. Ausgetrocknet und ausgehungert, völlig entmutigt geht der Alltag weiter. – Das ist eine Worst-Case-Situation, über die wir schmunzeln.

Doch ganz ehrlich, haben Sie nicht auch mitgelitten? Leider ist die geschilderte Situation realistisch und führt zu hoher Frustration. Die Verantwortung liegt hier augenscheinlich beim Gastgeber.

Wir sehen am Körper eindeutig, ob der Mensch sich wohlfühlt, ob er gestresst ist oder sich in die Enge getrieben fühlt. Gute Kommunikation heißt: Als Busfahrer nehme ich die Menschen mit auf die Reise. Der Busfahrer könnte einen Gast erst gar nicht reinlassen, ihn stehen lassen. Ein Schleudersitzeinsatz wäre auch möglich, zudem könnte der Gast dem Busfahrer auch aufs Dach steigen. Sprachlich doch sehr interessant.

Also nehme ich meinen Kommunikationspartner mit auf meine Reise, verabschiede ihn nach Beendigung der Kommunikationsreise freundlich und wertschätzend. An der Körpersprache des Gastes kann ich seinen Zustand ablesen.

Der Körper ist der Handschuh unserer Seele. (Samy Molcho)

Auf den Punkt gebracht

- Höhlen wurden seit Urzeiten individuell gestaltet, trugen die eindeutige Handschrift der Bewohner und bildeten Schutz vor Feinden.

- „Meine Höhle" kann meine Wohnung, mein Büro, mein Wohnwagen und auch mein Auto sein. Dort fühle ich mich normalerweise sicher und wohl. Entsprechend stark und dominant können dort Körpersprache und Gesten gelebt werden.

- Meine Höhle kann ich individuell gestalten.

- Bin ich in einer fremden Höhle zu Gast, brauche ich die Führung des Bewohners oder Besitzers. Dort muss ich mich erst akklimatisieren.

- Zeigen Sie Respekt vor Ihrem Gastgeber und vor Ihren Gästen.

- An der Körpersprache meines Kommunikationspartners lese ich dessen Zustand ab. Die innere Haltung beeinflusst die äußere und umgekehrt.

4 Körpersprache-differenzierung

Bewusste Körpersprache

Alle Zeichen des Körpers, die wir bewusst, also kognitiv moti-viert einsetzen, gehören in diese Rubrik. Wir geben unserem Körper einen willkürlichen Befehl, der dann umgesetzt wird. Erzeugt diese Willkür nicht das erwartete Ergebnis, werden wir Menschen möglichst schnell eine neue Strategie suchen, um die Erwartung zu erfüllen. Das können Zeichen sein, die wir kommunizieren, aber auch komplexe Bewegungen.
Wichtig ist die Kodierung von Zeichen. Kinder nutzen gern kodierte Körpersprache, um geheim zu kommunizieren, das Umfeld soll bestimmte Zeichen nicht interpretieren können. In vielen professionellen Verhandlungen werden Geheimzei-chen des Körpers vereinbart. Geheimdienste und Militär-organisationen nutzen diese Möglichkeiten.

Beispiele für von uns Menschen üblicherweise bewusst ein-gesetzte Körpersprache sind:
- alle von uns ausgeführten Bewegungsabläufe, die kogni-tiv motiviert sind;
- alle Lernübungen in der Lernphase, auch die in diesem Buch enthaltenen Übungen;
- direkte Zeichen mit den Fingern, dem Arm oder auch dem Rumpf;
- mit den Fingern zählen;
- Daumen hoch – positives Zeichen, Daumen runter – ne-gative Bewertung;
- bewusstes Flirten, in Pose gehen;
- mit den Fingern oder der Hand auf etwas zeigen;

- Drehen des Kopfes, um jemanden zu begrüßen oder auch bewusstes Wegdrehen;
- Bewegung hin zu einem Gegenstand, einer Person oder mehreren Personen;
- Sportarten und Tanz;
- religiöse und andere Rituale.

Außerdem wenden bestimmte Berufsgruppen die Körpersprache bewusst an. Denken Sie an Handwerker beim Werken, Musiker (insbesondere beim Üben), Physiotherapeuten, Polizisten, Lotsen, Pfarrer, Platzanweiser, körperorientierte Therapeuten etc.
Und alle Schauspieler, Pantomimen, Jongleure, Artisten und Models ziehen ein großes Register in puncto Körpersprache.

> Bewusste Körpersprache ist kognitiv gesteuert und wird körperlich ausgedrückt.

Piktogramme

Piktogramme sind bewusste, kodierte Zeichen mit einem Handlungshinweis. Um sie zu verstehen, müssen sie erlernt und erklärt werden und in einem gesellschaftlichen oder auch technischen Kontext stehen.

Beispiele für Piktogramme sind:
- **Totenkopfzeichen:** In der Industrie bedeutet dieses Zeichen: Eine absolut lebensgefährliche Substanz befindet sich in dem entsprechenden Behälter, nur autorisierte Personen haben einen Umgang mit diesen Gütern.
- **Fluchtzeichen:** Wenn Gefahr droht, laufen alle Gäste in einem öffentlichen Gebäude, z. B. einem Hotel, in Richtung des weißen Pfeils auf grünem Hindergrund.

Es gibt sogar Gesetze, die über die Quantität und Qualität der Schilder bestimmen.

Körpersprache in Verbindung mit Piktogrammen taucht beispielsweise hier auf:

- Informationszeichen des Fluglotsen (denen der Flugkapitän Folge zu leisten hat).
- Stewardess bei der Sicherheitseinweisung.
- Platzanweiser und Polizist – hier spielt die Ressource der Gestik eine Rolle.
- Arbeiter, Ingenieure, Mechaniker in einer Produktionshalle, z. B. das Stopp- und das Maschine-aus-Zeichen: Die Arme werden verschränkt und nach außen bewegt. Jeder versteht dieses Zeichen, weltweit.
- Der Schiedsrichter: Zeigt er eine Karte oder auf den Elfmeterpunkt, so ist das ein Zeichen mit Handlungshinweis.

Vorteile von Piktogrammen sind die sprachbarrierefreie Kommunikation und ein weltweites Verständnis für kodierte Zeichen.

Unbewusste Körpersprache

Genau die Zeilen, die Sie jetzt lesen, habe ich vor einiger Zeit in meinen Laptop eingegeben – das war ein bewusster Vorgang. Nun gibt es da einen fließenden Übergang zum See des Unterbewussten und zur unbewussten Körpersprache. Diese unbewusste Körpersprache wird in der Hypnosetherapie als Routinetrance beschrieben.

> Wir geben dem Körper in meinem Beispiel das Signal: Schreibe diese Zeilen in den Laptop. Wenn wir geschickt und routiniert die Tastatur bedienen, möglicherweise sogar das Zehnfingersystem einsetzen, dann läuft es wie von selbst, wie in Trance.

Auch aus evolutionärer und gehirntechnischer Sicht hat das durchaus Sinn: Es erleichtert uns Aufgaben, Speicherplätze im Hirn werden frei, wir können uns auf wesentlichere, neue

Dinge konzentrieren und effektiver arbeiten. Routine als Mittel zum Zweck.

Beispiele für Routinetrance sind:
- Autofahren,
- Fahrradfahren,
- ein Instrument spielen,
- Schwimmen,
- Balancieren etc.

> Man kann also sagen: Solche Prozesse laufen eher unbewusst ab, haben aber einen bewussten Befehl erhalten.

Das birgt auch Gefahren: Sie kennen das – zu viel Routine kann Fehler produzieren, Routinefehler. Sportflieger beispielsweise haben nach ca. 150 Flugstunden eine hohe Wahrscheinlichkeit, eine Fehlentscheidung zu treffen.

Praxistipp

Um Routinefehler zu vermeiden, sollte das Musterverhalten der Routine gebrochen werden. Eine gute Möglichkeit ist eine Fort- oder Weiterbildung. Hier wird der Blick wieder erweitert, und Innovationen können präsentiert werden.

Nutzbar ist der Effekt der Routinetrance sehr gut im Trainingsbereich, ob im Sport-, Sprach-, Förder-, Bewegungs- oder im Körpersprachetraining.

Durch Übung entwickeln wir eine Sicherheit bei den immer wieder kehrenden Abläufen, die sich automatisieren. Dadurch wirken Abläufe oder Erlerntes routiniert und authentisch. Man hat das Gefühl, ein Musiker ist eins mit seinem Instrument, ein Pantomime oder Zauberer wirkt mitreißend in seiner Performance.

Sind Abläufe einmal richtig gelernt, können sie selbst nach Jahrzehnten relativ schnell wieder abgerufen werden.

Diese Trance führt also zum lockeren Erscheinen und Handeln der Akteure:

- Der Präsentator kann sich wichtigeren Dingen oder unvorhergesehenen Situationen konzentriert widmen.
- Ein erfahrener Mitarbeiter geht mit neuen Situationen locker um, seine Ausstrahlung und Körpersprache verdeutlichen diesen Eindruck.

Ein souveräner Businessmensch hat also auch eine souveräne Körpersprache. Der Zuschauer, Kunde oder Mitarbeiter fühlt sich wohl und gibt sich vertrauensvoll in die Obhut eines souveränen Kollegen.

Davon abzugrenzen ist die unwillkürliche Körpersprache.

Unwillkürliche Körpersprache

Sie hat ein evolutionäres Wurzelwerk, das den meisten Menschen und den vielen Seminarteilnehmern meiner Trainertätigkeit am Herzen liegt.

Es erscheint uns Menschen wichtig, wie wir „rüberkommen". Alle Informationen, die wir durch die fünf Sinne erfahren, werden durch einen Filter im Gehirn gejagt. Wir können sie nur im Gedächtnis ablagern, wenn ein emotionaler und/oder motivierender Impuls gesetzt wird.

Als Ideomotorik bezeichnen wir alle Bewegungen im Körper, die unwillkürlich ablaufen, die wir nicht kognitiv steuern und die im Instinkt- oder Beißgehirn gespeichert sind.

Beispiele sind:

- reaktives Fluchtverhalten (Fuß- und Beinarbeit, Muskeltonus im gesamten Körper),
- Angriff oder Gefahrenabwehr (Brust und Oberkörper nach vorn),
- Schock, Schreck und Schamesröte (Adrenalin und starke Durchblutung),
- alle Reflexe des vegetativen Nervensystems.

Unwillkürliche Körpersprache und die dazugehörige Ideomotorik werden von der Umwelt klar verstanden.

Die Flucht

Das Fluchthormon Adrenalin sorgt für basale, lebensnotwendige Reaktionen im Körper. Wir rennen einfach weg, wenn große, lebensbedrohliche Gefahr droht.

Stellen Sie sich einen Neandertaler vor. Es brennt, er packt seine Familie, und alle rennen weg. Somit entgeht die Familie der Gefahr, sich zu verletzen.

Adrenalin führt bei hoher Dosis zu bestimmten Auswirkungen auf unser Gehirn. Wir können unter Schock nicht mehr denken, nur noch instinktiv reagieren. Unsere Muskulatur wird zentriert.

Wir müssen Handlungen zu einem sinngebenden Abschluss bringen. Übersetzt heißt das: Wir sollten immer einen Abschluss einer Handlung finden, damit unser Gehirn nicht mit zu vielen Informationen überlagert wird. Wir erfahren sonst zu viele Informationsüberlappungen, die zu viele Speicherplätze im Hirn belegen.

Im obigen Beispiel wird der Neandertaler sich nach einem gewissen Abstand, z.B. nach 100 Metern, umdrehen, um sich zu vergewissern, ob noch Gefahr in Verzug ist. Ist die Familie außer Gefahr, wird Entspannung eintreten.

Wir alle brauchen Adrenalin, um Spannung aufzubauen für die Konzentration und die Bereitstellung von Energie. Das ist sowohl im privaten als auch im beruflichen Kontext sehr wichtig. Zu viel Adrenalin jedoch kann zu Leistungseinbrüchen und im extremen Fall zur Hyperventilation führen.

Die Flucht wird aus körpersprachlicher Sicht immer durch eine Richtungsgebung des Körpers signalisiert, Bein- und Rumpfposition sind entscheidend.

Der Angriff

Angriff war in der evolutionären Entwicklung von größter Bedeutung. Aber Angriff auf wen oder was? Eine durchaus sinnvolle Frage. Als überlebensnotwendige Strategie entwickelten unsere Vorfahren – und alle Tiere – eine durchaus praktikable Strategie.

Unsere Vorgänger erkundeten ihre Umgebung, was durchaus als Extraversion, also nach außen gehende Aktion, angesehen werden kann. Die Männer waren ursprünglich Jäger und Sammler. Und sowohl das Jagen als auch das Sammeln sind Angriffe auf die Natur, die Pflanzen, die Tiere oder auch andere Völker. Urbewohner jagten und sammelten, um zu überleben.
Alle modernen Ausbeutungen von Natur- und Randvölkern sind jedoch Folgen der Industrialisierung, was natürlich auch als aggressiver Akt angesehen werden muss.
Es gibt Buddhisten, die extrem die Philosophie des Nichtangriffs praktisch leben, selbst das Töten von Insekten wird hier als Angriffsakt verstanden (z. B. Dalai Lama [geb. 1935] und Mahatma Gandhi [1869–1948]). Ihre innere Haltung zeigt sich eindeutig in der respektvollen äußeren Haltung.

Durch die Zufuhr von Adrenalin wird die Angriffsbereitschaft verstärkt. Im Körper sieht man im Angriffszustand einen leicht bis stark nach vorn gekippten Oberkörper, Muskelanspannung und auch mimische Spannung, die Hände sind zur Faust geballt, die Augen hoch konzentriert und oft zusammengekniffen. Der Kopf reckt sich nach vorn. Beine zeigen mit ihren Fußspitzen den Richtungspfeil zum Gegner. Die Arme, die Hände und die Gesichtsmuskulatur sind verkrampft, und der Bizeps zeigt sich.

Die Tarnung

In der Tierwelt kennen wir viele passende Beispiele für Tarnung: Das Chamäleon, die Schneekatze, die Wüstenmaus, der Steinfisch und viele Schmetterlinge und Vogelarten passen sich der Umwelt an, eine Schutzstrategie. Gefährlich werden alle Tier- und Pflanzenanpassungen, wenn von ihnen große Gefahr ausgeht – eine Fleisch fressende Pflanze beispielsweise sieht aus wie eine „normale" Pflanze, ist für Insekten jedoch sehr gefährlich.

Ein Herdentier kann sich in einer großen Herde gut verstecken. Das ist auch der Sinn der Herden- und Rudelbildung. Auf den heutigen Menschen lässt sich das gut übertragen, wir tarnen uns ständig und erfolgreich. Schüler und Studenten tarnen sich, indem sie eine bestimmte Kleidung tragen. Businessmenschen tarnen sich mit Anzügen, Hemden, Blusen und Krawatten.

Alle Tarnungen sind ein „sich verstecken und ja nicht auffallen". Keiner von Ihnen käme auf die Idee, im Hochsommer eine knackige Badehose zu einer Projektpräsentation oder einem Kundenbesuch zu tragen. Ebenso wenig gehen wir im Businessanzug zu einer lockeren Gartengrillparty. – Warum eigentlich nicht?

> Die Gruppenzugehörigkeit wird in diesem Fall über dem Individuum stehen.

Ich erinnere mich noch sehr gut daran, dass ich als notorischer Nichtraucher in der Oberstufe locker und cool bei den Rauchern stand. Ich gewöhnte mir grundsätzlich die coole Stehposition der Raucher an und stand in der Raucherecke. In dieser Raucherecke wird man automatisch von seinem Umfeld als Raucher angesehen.

Tarnung setzt auch die Polizei ein: Verdeckte Ermittler und Agenten tarnen sich perfekt als Vertraute der Gegenpartei,

007 begeistert die Massen. Fliegt die Tarnung auf, gibt es allerdings richtig Ärger. Günter Wallraff (geb. 1942) beispielsweise tarnte sich einst in verschiedenen Rollen, um diverse Missstände aufzudecken.

Die Komfortzone

Die Komfortzone hat auch evolutionär einen Sinn. Satt und müde suchen sich fast alle Tiere einen geschützten Schlafplatz, dort sind sie ungefährdet. Diese Komfortzone gibt uns und unserem Nervensystem die große Chance auf Entspannung und Erholung.
Wir brauchen Schutz und Gemütlichkeit. Biologisch tanken wir in diesen Phasen auf, Zellen erneuern sich schneller, das Gehirn wird entstresst.

> Unser Körper braucht Regeneration, wir suchen Komfortzonen.

Haben wir davon zu wenig, kann das zu Erkrankungen aller Art führen, das Immunsystem ist angegriffen.

Merkmale der Körpersprache in der Komfortzone sind:
- entspannte Muskulatur,
- Beine hoch, liegende Positionen, Schlafpositionen und
- lockere Mimik.

Humorvoll ausgedrückt, sind diese Positionen etwas für den Hausgebrauch. Denn im Liegen, im Halbschlaf, auf dem Unterarm aufgestützt am Tisch vorgetragene Präsentationen kommen bei einem Verkaufsgespräch nicht gut an. Leider sehen wir immer wieder langweilige Präsentationen oder Vorlesungen, die unmotiviert vorgetragen werden. Schläft der Referent schon oder präsentiert er noch?

Aus der Perspektive des Besuchers, des Zuhörers oder des Kunden sieht dies prinzipiell anders aus. Der Gast hat eigentlich das Recht, sich in einem gewissen Rahmen komfortabel und locker zu zeigen, wenn er sich wohlfühlt.

Als Zuhörer, Zuschauer oder Kunde darf ich mich also entspannt und völlig natürlich bewegen.

Auch wenn Anstand und Höflichkeit und gesellschaftliche Normen beachtet werden, sieht man als Präsentator sämtliche Varianten der Körpersprache vor sich sitzen oder stehen. Lustig finde ich die Situation, wenn ein Seminarteilnehmer droht einzuschlafen. Viel dramatischer ist es, wenn dies einem Verkäufer passiert.

Wir haben als Kommunikationsführende die große Chance, in dieser Situation einzugreifen. Was können wir tun? Mögliche Antworten wären:

- eine Pause machen,
- den Betreffenden integrieren,
- Fenster öffnen, für frische Luft sorgen,
- Methodenvielfalt und Wechsel einsetzen,
- mit dem Betreffenden kurz reden,
- möglicherweise eher locker im Kopf und Körper bleiben, vielleicht hat das nichts mit einem selbst zu tun.

Kleine Anekdote am Rande: Bei einem zweitägigen Körpersprachetraining feierten die Teilnehmer nach dem ersten Tag bis zum Morgengrauen. Nachdem der größte Teil der Gruppe am nächsten Morgen total übermüdet und teilweise alkoholisiert erschien, schlief der Geschäftsführer erschöpft und als einziger Teilnehmer schon nach zehn Minuten ein. Lustig waren für die Seminarteilnehmer seine provozierenden Kommentare, wenn er zufällig mal wieder erwachte.

Leider war das für mich nicht so spaßig. Der Situation bewusst, fragte ich mich immer wieder, wie ich da vorgehen sollte. Heute ist mir klar, es hat nichts mit mir zu tun, wenn

Menschen keinen Respekt vor meiner Arbeit zeigen. Ich verfahre weiterhin grundsätzlich nach dem Prinzip *I'm ok and you're ok.* (Thomas A. Harris, 1910–1995)

Zurück zur Komfortzone. Als positive Deutung schlage ich vor: Interpretieren Sie nicht zu viel Negatives in die Körpersprache (Komfortzone) der Kunden oder Zuhörer. Denken Sie positiv.

Stellen Sie sich vor, Sie haben 20 Teilnehmer, jeder sitzt individuell ausgeprägt vor Ihnen, Beine übereinandergeschlagen, Arme überkreuzt etc. – *Locker bleiben,* sage ich mir da immer, *die Teilnehmer oder Zuschauer fühlen sich wohl. Das ist in Ordnung.* Anders gesagt: Zum Glück sitzen meine Teilnehmer nicht gleichgeschaltet in Körper und Geist vor mir.

Gehen Sie ungestört von dem Wohlwollen Ihrer Zuhörerschaft aus. Sollte das mal nicht angemessen sein, wird sich das noch früh genug zeigen. Mit einer weiterhin wertschätzenden Haltung werden Sie auch diese Dinge lösen, möglicherweise auch einen Konflikt aushalten und sich positionieren.
Meiner Erfahrung nach ist es sehr wichtig, den Auftrag richtig zu klären, seine Haltung zu verdeutlichen und die Bedingungen des Auftrags zu verdeutlichen.

Auf den Punkt gebracht

- Körpersprache unterteilt sich in bewusste, unbewusste, unwillkürliche und kulturelle Körpersprache – zur kulturellen Körpersprache siehe Kapitel 5.

- Piktogramme sind Zeichen mit einem Handlungs-hinweis.

- Unwillkürliche Körpersprache lässt sich in die instinkt-bedingten Faktoren Angriff, Flucht und Tarnung differe-renzieren.

- Ideomotorik ist die Bewegung, die sich bei der unwill-kürlichen Körpersprache zeigt.

- Die Komfortzone in der Körpersprache zeigt das Wohl-gefühl der Kommunikationspartner an.

- Adrenalin, auch Fluchthormon genannt, ist für unser Leben wichtig, kann uns Menschen bei der Kommuni-kation aber auch hinderlich sein. Zu große Aufregung verringert die Leistung.

5 Kulturell bedingte Körpersprache

Menschen passen sich an, werden körpersprachlich geformt

Aufgrund unseres kulturellen Kontextes sind wir unterschiedlichen Anforderungen ausgesetzt. Wir lernen Körpersprache durch Spiegelung unserer Landsleute.
In multikulturellen Gesellschaften vermischen sich die Körpersprachen. Dennoch gibt es national und international viele Unterschiede. Ich möchte hier auf einige interessante Zeichen eingehen.

Weltweit gilt die Regel des Nord-Süd-Gegensatzes. Typische Beispiele sind Süditaliener oder Spanier im Gegensatz zu Norwegern oder Schweden. Auch die Kanadier und Nordamerikaner zeigen sich zu den Südamerikanern, z. B. Brasilianern oder Mexikanern, sehr konträr.

Biologisch lässt sich das mit den UV-Strahlen der Sonne erklären und mit deren Folgen auf das Immunsystem sowie auf das Lebensgefühl. Der südländische Tagesrhythmus ist von der Siesta am Mittag und dem Nachtleben geprägt, das Leben findet auf der Straße statt. Wir Deutsche schätzen dieses Flair und suchen diese Länder auch aus diesem Grund gern auf. Ich schätze ebenso den Nordmenschen. Er gilt als etwas mimik- und gestikärmer, pflegt allerdings eher tiefer gehende Beziehungen. Er ist, wenn er einmal eine Freundschaft geschlossen hat, ein sehr treuer Partner.

Einige auffällige Besonderheiten möchte ich in den folgenden Abschnitten vorstellen.

Deutschland

Deutsche gelten eher als körperspracheschwach und wenig lebendig; sie wirken oft distanziert und reserviert. Aufgrund ihrer konzentrierten und vertrauenerweckenden Körpersprache werden sie jedoch international als zuverlässige Partner geschätzt.

Berührungen sind in den meisten Firmen und in einer Verhandlungssituation auf die formale Begrüßung und Verabschiedung oder auch auf einen Händedruck bei Vertragsabschluss beschränkt. Der Händedruck sollte fest, bestimmend, aber nicht von zu langer Dauer sein.

Doch gibt es, wie in jedem Land der Erde, auch bei uns Nord-Süd-Unterschiede: Süddeutsche nutzen mehr Körpersprache, Gestik und Mimik als Norddeutsche.

Die staksige, preußisch geprägte Körpersprache wird von Südländern oft als wenig lebendig empfunden. Ein zu starker Händedruck kann von Asiaten als Übergriff gewertet werden.

Italien

Die Italiener gelten als eher gestik- und mimikreich. Auch in ihrem Land gibt es einen großen Unterschied zwischen dem Norden und dem Süden.

Die parallelen Gesten der Arme und der sehr aktiven Hände sind deutlich zu sehen. Für uns Deutsche wirkt das sehr lebendig und motivierend, zumal der ganze Körper in Bewegung ist.

Nordeuropäer zeigen sich teilweise mit der italienischen Körpersprache etwas überfordert.

Achtung! Missverständnisse könnten auftreten, wenn Sie das Finger-Handzeichen für „alles o.k." geben, das bei den Tauchern als solches Zeichen gelernt wird. Es ist für Italiener die schlimmste Beleidigung. Auch der Daumen nach oben kann missverstanden werden.

Achten Sie darauf, älteren Geschäftspartnern besonderen Respekt zu erweisen, indem Sie zur Begrüßung aufstehen.

Respekt und Interesse, offene Körpersprache und Kontakt zu den Businessleuten ist in Italien sehr wichtig.

Amerika

Die Amerikaner sind aufgrund ihrer besonderen Geschichte ein sehr multikulturelles Volk; sie haben Wurzeln in der ganzen Welt. Nur die Indianer, die gesellschaftspolitisch kaum Einfluss haben, sind wirkliche Amerikaner. Interessant ist der Mix.
Amerikaner haben in der Öffentlichkeit eine extrem große Gestik und treten mit großem Schritt auf.

Der „American Way of Life", „das Land der unbegrenzten Möglichkeiten", die „Yes-we-can"-Philosophie – alles zeugt von einem gewissen Stolz und Patriotismus, die in der Körpersprache deutlich werden.

Politiker führen einen selbst finanzierten Wahlkampf, Coaching in den Bereichen Körpersprache, Stimme und Rhetorik gehören zu den genutzten Strategien der Politiker.

Andererseits gehen Amerikaner im Business eher auf Distanz, Körperkontakte sind nicht gern gesehen. Begrüßt wird mit einer Distanz von einer Armlänge.

Im Restaurant oder in der Kantine halten Amerikaner gern eine Hand unter dem Tisch. Das hat mit dem wilden Westen zu tun. Die Hand unter dem Tisch war bereit, eine Waffe zu ziehen.

Achtung! Missverständnisse könnten auftreten, wenn Sie dem Amerikaner die Fußsohle entgegenstrecken, wenn Sie den amerikanischen Businesspartner auf die Wangen küssen, und als Mann, wenn Sie Ihre Beine während einer Verhandlung überschlagen.

Indien

Indien ist ein großes Land. Als ehemalige englische Kolonie hat es einige kulturelle Gemeinsamkeiten mit England, und die Körpersprache der Inder ist zunehmend europäisiert.

Die Inder sind stark religiös und zu 80 Prozent vom Kastenwesen (Community) der Hindus geprägt. 15 Prozent aller Inder sind Muslime, was die Körpersprache und deren Businessbedeutung prägt. Buddhisten haben eher eine zurückhaltende Körpersprache, sie zeigen viel Respekt und wirken auf uns teilweise devot mit der Beugung des Oberkörpers nach vorn.

Ein indisches Ja wird teilweise durch ein Kopfnicken, oft jedoch auch durch ein leichtes Kopfschütteln ausgedrückt, das unserem Nein sehr ähnlich ist. (Dies gibt es parallel dazu auch in Bulgarien und Griechenland.)

Allgemein sind die Inder sehr lebendig, sie gestikulieren gern mit dem ganzen Körper.

Achtung! Auch hier könnten Missverständnisse auftreten, z. B.:

- Das Kopfschütteln kann auch ein Nein bedeuten.
- Die linke Hand gilt als unrein, gegessen wird nur mit der rechten Hand.

Wenn Sie zu Besuch sind, ziehen Sie immer die Schuhe aus. Werden Sie aktiv und suchen Sie Kontakt zu Indern, sonst können Sie keine Geschäfte machen. Und zeigen Sie eher eine offene Körpersprache als Signal von kulturellem und gesellschaftlichem Interesse.

Praxistipp

Versuchen Sie, durch Ihre Körpersprache immer Geduld und Höflichkeit auszudrücken.

China

Die Chinesen sind kulturell und politisch geprägt von dem Yin (Daoismus), dem Yang (Konfuzianismus) und dem Buddhismus. So entsteht ein Wertesystem, das Disziplin, familiäre Strukturen und Religion zusammenbringt. Hierarchie, Harmonie und Beziehung prägen diese Gesellschaft.

Praxistipp

Lächeln Sie einem Chinesen bewusst zu. Erweisen Sie ihm Respekt.

Im „Land des ewigen Lächelns" Business zu machen, ist nicht einfach. Missverständnisse könnten hier beispielsweise auftreten, wenn Sie kritisch nachdenkend Ihren Kopf schütteln.

Ein paar Tipps:

- Umgehen Sie ein klares Kopfschütteln, generell ein Nein-zeichen.
- Vermeiden Sie es, Chinesen zu lange direkt anzuschauen.
- Zügeln Sie negative, mimisch erkennbare Körpersprachesignale, wie z. B. Missfallen, Ärger, Kritik oder gar Wut.
- Geben Sie Chinesen zur Begrüßung nur einen leichten Händedruck und beugen Sie den Kopf leicht vor.

Vereinigte Arabische Emirate

Da es sich hierbei um den wichtigsten arabischen Wirtschaftspartner handelt, auch hier einige (wenige) Bemerkungen:

- Im Geschäftsleben dieser muslimischen Gesellschaft ist der Handschlag üblich. Er sollte nicht zu fest sein.
- Anwesende Frauen bestimmen, ob sie einen Gast anschauen oder nicht.
- Ein körpersprachliches Kopfnicken als Begrüßung in dieser Situation ist in Ordnung.
- Die linke Hand gilt als unrein.

Internationale Missverständnisse

Zusammengefasst hier noch ein paar Gefahren für internationale Missverständnisse:

- In **Bulgarien** bedeutet ein Kopfschütteln durchaus auch ein Ja.
- Der erhobene Daumen ist in **Griechenland** unserem Mittelfinger gleichzusetzen. Also aufpassen, wenn Sie „alles klar" sagen wollen, bitte nicht den Daumen heben.
- **Frankreich** ist zentralistisch geprägt und hat dadurch andere hierarchische Strukturen. Im Business wirken Franzosen oft unterkühlt, während sie sich privat sehr körpersprachaktiv und kontaktnah zeigen (Küsschen

rechts, links, rechts). Die Bewohner von Paris gelten unter Franzosen als eher hochnäsig. (Lustigerweise wird in Paris nur mit zwei Küsschen begrüßt.)

- In **Indonesien** werden die Finger anders als in unserem System benutzt, ebenso wie in vielen asiatischen Ländern. Teilweise werden die vom kleinen Finger abwärts gesenkten Finger gezählt oder nur die einzelnen Fingerglieder.
- **Südamerikaner** berühren sich auch im Business viel intensiver. Sie halten z. B. bei der ersten Begrüßung und Begegnung fest die rechte Hand, während die linke Hand auf dem rechten Oberarm des Kommunikationspartners liegt.
- **Japaner** beugen sich beim Begrüßungsritual nach vorn, und zwar mit der mit beiden Händen präsentierten Visitenkarte. Sie identifizieren sich extrem mit ihren Unternehmen, sind sehr diszipliniert. Japaner sind stark auf Hierarchien fixiert. Sanktionen befürchtend, wirken selbst studierte Ingenieure oder Betriebswirte beim Erscheinen einer höheren Führungskraft devot und introvertiert.

Ganz allgemein mein Tipp: Versuchen Sie immer aus den Fehlern zu lernen, die Sie als Gast in fremden Kulturen machen. Hier gilt:

Die Unwissenheit der Vergangenheit ist das Verdammnis der Zukunft.

Auf den Punkt gebracht

- Das „Meine-Höhle-deine-Höhle"-Prinzip lässt sich gut auf die internationale Körpersprache übertragen.

- Bin ich ein willkommener Gast, sowohl im Business als auch im privaten Bereich, sollte ich hohen Respekt, absolute Wertschätzung gegenüber meinem Gastgeber oder Verhandlungspartner zeigen.

- Ich sollte mich über seine Kultur, Sitten, Religion und die Gesellschaftsregeln informieren und mich anpassen. Das Internet bietet schnelle Informationen.

- Bin ich Gastgeber, so kann ich im Prinzip das Gleiche von meinen Gästen erwarten.

- Als Gastgeber zeige ich Gastfreundschaft.

- Vermeiden Sie Missverständnisse, indem Sie fremde Kulturen kennenlernen und wertschätzen.

6 Körpersprache und Phänomene

In allen Kulturen, Gemeinschaften und auch in der Sprache finden sich Einflüsse der Körpersprache

Körpersprache und Sprache

Oft begegnen sich Körpersprache und bildhafte Sprache und prägen sich gegenseitig. Einige Beispiele:

- auf Augenhöhe kommen,
- eine hohe Nase tragen,
- sie/er steht hinter mir,
- über die Schulter schauen,
- Schulterschluss suchen,
- ich fühle mich gut,
- das läuft prima,
- kopflos sein,
- er steht in seiner Mitte,
- etwas bringt mich aus dem Gleichgewicht,
- in den Spiegel schauen können,
- über den Tellerrand blicken,
- im Nebel, auf der Leitung stehen,
- eine kalte Atmosphäre, kalter Blick, eiskalter Typ,
- lauwarme Aussage,
- abgeholt fühlen,
- jemanden reinlegen,
- jemand steht fest mit beiden Beinen auf dem Boden,
- bodenständig sein,
- abgehoben sein,
- mitreißend sein,
- er lässt mich links liegen,
- sich aus dem Fenster lehnen,
- in die Fußstapfen treten,

- jemanden wegdrücken,
- sich auf eine Seite schlagen,
- über sich hinauswachsen,
- auf die Knie gehen,
- sich selbst im Wege stehen,
- über eine Frage stolpern.

Körpersprache in Kunst und Kultur

Im historischen Sinne wurde Körpersprache seit Menschengedenken eingesetzt. Sie war vor der Sprache, wahrscheinlich gleichzeitig mit der Lautbildung präsent. Ob Stein- oder Eiszeit, Bronze- oder Neuzeit – wir kommunizierten schon immer sehr wirksam mit Körpersprache.
Schon die Neandertaler mussten auch Feinde und Gefahren wittern, sammeln und jagen, und sie wurden auch selbst gejagt. Gerade im Kampf spielt die Körpersprache eine enorme Rolle. Die Naturvölker entwickelten Kampfgebärden, religiöse und rituelle Körpersprache.

In der jüngeren Geschichte gab es dann vermehrt professionelle Körpersprachedarsteller, die Menschenmengen ohne Sprache unterhielten. Zur Römerzeit gab es schon richtige wortlose Künstler. Sie genossen einen großen Ruhm. Heute nennen wir das Pantomimekunst. Das Wort Pantomime bedeutet, wörtlich aus dem Griechischen übersetzt, „alles nachahmend".
Angefangen hatte dies am Anfang des letzten Jahrhunderts. Der Film „Die Kinder des Olymp" mit dem franz. Pantomimen Jean-Louis Barrault (1910–1994) in der Rolle des Harlekins faszinierte und inspirierte viele Menschen, so auch mich, enorm. In mir löste der Film den Wunsch aus, professioneller Pantomime zu werden.
Marcel Marceau (1923–2007) war jüdischer Elsässer und Barraults Schüler; er wurde der wohl bis heute bekannteste Pantomime, der die Szene und Menschen prägte. Viel Ärger

bekam Marcel Marceau durch völkerverständigende Gast-auftritte kurz nach dem Zweiten Weltkrieg in Deutschland, ebenso wie sein Schüler Samy Molcho (geb. 1936). Der israelische Pantomime konnte durch seine Kunst ebenso politische Brücken bauen. Einer seiner weiteren Schüler und einziger Diplompantomime Deutschlands ist mein Pantomimelehrer Michael Kreutzer (geb. 1952), alias Jomi, aus Saarwellingen.

Parallel zur Pariser Szene entwickelte sich im Osten Europas ebenso die wortlose Kunstgilde. Die russischen Clown- und Artistenschulen brachten unzählige Vertreter der wortlosen Kunst hervor. Ein weltbekannter Vertreter der osteuropäischen klassischen Pantomime ist Milan Sladek (geb. 1938) aus der Slowakei.

Nicht zu vergessen sind natürlich verschiedene Komiker, die besonders in der Stummfilmzeit in diesem Metier bekannt waren. Charlie Chaplin (1889–1977) und Buster Keaton (1895–1966) sind wohl die wichtigsten Vertreter dieser Zeit.

Mister Bean und Pan Tau vermischten im Film teilweise die Pantomimekunst mit Sprache.

Der schon mehrfach erwähnte Samy Molcho ist der bedeutendste Vertreter der Körperspracheforschung. Er hat eine Professur an der Universität für Musik und darstellende Kunst in Wien und ist weltweit *der* Experte und Pionier für Körpersprache. Konsequent bleibt er seit 30 Jahren der Bühne fern und widmet sich ausschließlich der Körpersprache. Er ist ein erfolgreicher Bestsellerautor und gern gesehener Gast in allen Medien.

Alle Schauspieler, Regisseure, Filmemacher, Bühnendarsteller arbeiten mit den Mitteln der Körpersprache und nutzen diese. Auch Therapeuten nutzen vermehrt die Erkenntnisse der Körperspracheforschung. Gestalt- und Körpertherapeuten sowie Therapeuten des Neurolinguistischen Programmierens ‚messen der Körpersprache eine immer größere Bedeutung zu, die im Business unaufhaltsam Aufmerksamkeit erzeugt.

Körpersprache als Gruppenphänomen

Alle Bewegungen, die Menschen in Gruppen gleichzeitig ausüben, erzeugen ein Gemeinschaftsgefühl in Körper und Geist.

Positive Auswirkungen

Das kann richtig schön sein: Stellen Sie sich vor, Sie tanzen gemeinsam mit Ihren Freunden, alle nehmen freiwillig und motiviert teil. Gemeinsam üben Sie eine Choreografie ein und führen diese im extremen Fall sogar noch öffentlich auf. Das wäre für alle Beteiligten und interessierten Zuschauer eine tolle Sache.
Die Stimmung steigt, könnte sogar fast den Saal „zum Kochen" bringen. Feuerzeuge gehen an, die Stimmung ist super. – Wir erleben dies auf den von uns als toll empfundenen Musikevents, egal welcher Kultur, Stilistik. Da kommen Menschen zusammen, die eine Gemeinsamkeit haben: die Vorliebe für eine Musikrichtung.

Auch Pfarrer, Schiedsrichter oder Polizisten lernen bestimmte Körpersprachezeichen, die sie anwenden müssen. Sie sind in unseren Gesellschaften anerkannt und in Liturgie und Kultur Teil des Lebens geworden.
Allen Militärs dient die rituelle Körpersprache dabei, Disziplin und Zusammengehörigkeit zu signalisieren. Durch die in unserer westlichen Welt festgelegte Rechtsstaatlichkeit wird diese als positiv bewertet oder konnotiert.

Gemeinschaftliche Körpersprache steht oft im Zusammenhang mit gemeinschaftlicher Gesinnung und kann beispielsweise durch Uniformen verdeutlicht werden (Militär, Internate etc.). Internate haben ebenso wie Eliteschulen, Eliteuniversitäten oder auch studentische Verbindungen (schlagende oder nichtschlagende) dieses Gemeinsamkeitsideal.

Auch in Vereinen wird ein solches Gemeinschaftsleben gepflegt. Haben wir uns für eine Gruppe entschieden, müssen wir uns manchmal dieser anpassen, um die Zugehörigkeit zu zeigen.

Eine gleichzeitige, gesellschaftlich oder religiös anerkannte, gemeinsame Bewegung erzeugt ein Gruppengefühl, das wir positiv bewerten. Die Stimmung kann hier auch zu extremen Formen führen, z. B. zur Ekstase.

Missbrauch von Körpersprache

Zunächst einmal muss geklärt werden, wie die ethischen, moralischen oder auch gesellschaftspolitischen Werte gesetzt wurden.

Gehen wir von unserer heutigen Kultur aus, mit mehr oder minder demokratischen Strukturen, kommen alle Industrienationen, auch ihre globalen Unternehmen, politische Führungen und Medien nicht umhin, sich diese Systeme genau anzuschauen, um Werte festzulegen (Political Correctness, Value Management etc.).

Wirtschaftsskandale zeigen jedoch immer wieder, dass Werte ebenso wie Menschenrechte gern mit Füßen getreten werden, obwohl diese irgendwo grundsätzlich in Gesetzen verankert sind.

Wie drückt sich der Missbrauch in der Körpersprache aus?

Fangen wir im Kleinen an.
Wir können eine hohe Nase tragen. Das wirkt arrogant, zeigt Grenzen auf und könnte auch eine Strategie zur Überlegenheit darstellen. Dies scheint noch „harmlos" zu sein. Haben wir Kinder oder Freunde und würden an ihnen diese arrogante Haltung feststellen, würden wir auf jeden Fall intervenieren. Die hohe Nase gefiele uns nicht, mit entsprechenden Gesprächen könnten wir einfühlsam wichtige Impulse geben. Der oder die Betreffende hätte große Chancen, daran zu arbeiten.

Es gibt viele Sekten, die sich die gemeinschaftliche Körpersprache als Ritual zu Nutze machen. Damit grenzen sie sich eindeutig von anderen Gruppen ab, und sie erhöhen die Gruppendynamik sowie das Zugehörigkeitsgefühl.

Anfang des 20. Jahrhunderts machten sich einige Politiker und Demagogen auf den Weg, Charles Darwin und seine Theorie für sich manipulativ zu nutzen. Darwin (1809–1882) stellte fest, dass in der Natur die stärkere Rasse siegt, dass bestimmte Kreuzungen schwache oder starke Nachfahren produzieren etc.
Die Botschaft von Darwin wurde instrumentalisiert, und so entstanden historische und politische Werkzeuge und Auswüchse: der Sozialdarwinismus.

Adolf Hitler bediente sich bekanntermaßen komplexer Kommunikationsmittel und Werkzeuge und setzte sie radikal ein; auch die Körpersprache war für ihn eine geeignete Waffe. Historische Vorbilder seiner Zeit waren schnell gesichtet: Kaiser Wilhelm und das Preußentum hatten militärischen Drill und Disziplin mit entsprechender Körpersprache vorgelebt.

Die Weltwirtschaftskrise der 1930er-Jahre trug dazu bei, dass radikale Parteien schnelle Konzepte und schnelle, vermeintlich stringente Lösungen anboten. Viele Staatsmänner der Welt nutzten diese Situation und brachten Massen hinter sich: Aus der Idee eines Gemeinschaftsgefühls entwickelten sie die Idee der Gleichschaltung, als Gegenpol zum Individualismus.

Die Körpersprache spielte in den totalitären Systemen eine zunehmend wichtige Rolle: Der Hitlergruß etwa, angelehnt an ein Relikt aus der Römerzeit (Cäsar, Nero), ist ein körpersprachliches Herrschaftssymbol.

Auf den Punkt gebracht

- Die Körpersprache und alle sprachlosen Kunstformen haben seit Menschengedenken großes Interesse ausgelöst.

- Marcel Marceau ist der wohl bekannteste Pantomime aller Zeiten, und Charlie Chaplin der bedeutendste Vertreter der Stummfilmzeit.

- Samy Molcho ist *der* Experte und Spezialist der Körpersprache.

- Eine gleichzeitige, gesellschaftlich oder religiös anerkannte, gemeinsame Bewegung erzeugt ein Gruppengefühl, das wir positiv bewerten.

- Eine Stimmung kann hier auch zu extremen Formen führen, z. B. zur Ekstase.

- Weltweit wurden und werden Sprachen von körpersprachlichen Bildern geprägt.

- Sprachen mit gleichen Wurzeln haben gleiche Körpersprachebilder.

- Wenn das Gemeinschaftsgefühl missbraucht und eine totalitäre Gleichschaltung in Körper und Geist angestrebt wird, droht Gefahr: Individualität, kritisches Denken und Querdenken sind dann kaum mehr möglich.

7 Übungen und Bildmaterial

Übung macht den Meister

Sie gehören nicht zu den Zwangsbeglückten einer Firma, die ein Seminar besuchen dürfen, es aber nicht unbedingt besuchen wollen? Sie haben dieses Buch aus freiem Willen bis zu dieser Zeile gelesen, werden von eigener Motivation getrieben?

Der nächste empfehlenswerte Schritt ist nun, die folgenden Übungen durchzuführen, gern mit Freunden, Kollegen oder Partnern. Viele Übungen können Sie jedoch, wie schon erwähnt, allein praktizieren.

Empfehlen kann ich den Einsatz einer handelsüblichen digitalen Videokamera. Mit Aufnahmen können Sie und andere Personen Ihre Performance analysieren.

Beine und Füße

Wir stehen seit unserer frühen Kindheit auf unseren Beinen: Wir laufen, hüpfen, springen, tanzen und fahren Ski, Inline-Skater, Fahrrad, Schlittschuh, Auto etc.

Gedanken über die Koordination und den bewussten Einsatz machen wir uns nur beim Lernen von neuen Sportarten oder uns neuen technischen, mechanischen Aktivitäten.

Übung 1: in die Fußstapfen treten

Das ist eine wunderschöne Wahrnehmungsübung, die dem Thema der Körpersprache schnell nahekommt. Dazu braucht man einen Partner oder eine Partnerin.

Ein Teilnehmer geht voran, sucht sich einen Weg, er hat die Rolle des Leaders. Der hintere Partner folgt, ist also der Pacer, nimmt Geschwindigkeit auf. Danach wird gewechselt.

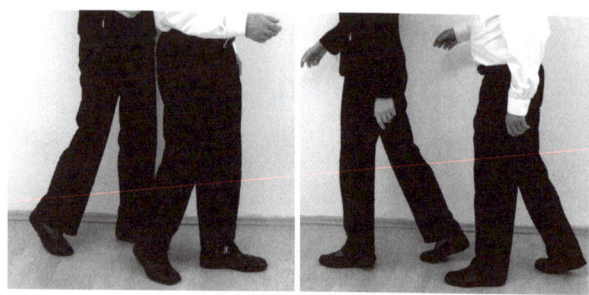

In die Fußstapfen des Vordermannes bzw. der Vorderfrau treten

Gesprochen wird nach der praktischen Übung nur über die Wahrnehmung. Anfangen sollte man mit einer Körpersprachebeschreibung als Ich-Botschaft und ohne große Wertung. Ein Beispiel:

Ich habe gesehen, dass dein Schritt sehr forsch ist, die Geschwindigkeit auch. Dein linker Arm hängt etwas mehr runter als der rechte und du bist schnell abgebogen. Auf der letzten Geraden hast du das Tempo variiert. Dein Oberkörper und deine Schultern waren aufrecht, der Kopf etwas nach unten gesenkt. Ich konnte dir noch folgen, es war nicht ganz mein Tempo. Dieses Gefühl von Forschheit hat sich in meiner Wahrnehmung sehr interessant und neu angefühlt.

Ganz wertfrei bleiben die Teilnehmer nicht, aber mit dem wertschätzenden Feedback des Beispiels wäre ich in einer Livesituation sehr zufrieden.

Natürlich spielen Beine und Füße in Bezug auf Körpersprache – zumindest auf den ersten Blick – eine untergeordnete Rolle. Bei genauem Blick erkennen wir jedoch die Wichtigkeit und die Funktion der Bein- und Fußarbeit. Das liegt an der Aufmerksamkeit, die wir ihr schenken. Ein schauspielerischer Blick sorgt für eine genauere Betrachtung des Potenzials.

Stand- und Spielbein haben unterschiedliche Aufgaben; die Sportler unter Ihnen kennen diese Begrifflichkeiten. Auf dem Standbein ist mein Hauptgewicht, dort sorge ich für Stabilität, das Spielbein hingegen ist richtungsweisend, bestimmt die Bewegungsrichtung.

Man kann mittig auf beiden Beinen geerdet stehen, also absolute Präsenz zeigen. Diese Positionen finden Sie oft bei Sängern und Schauspielern vor. Sehr empfehlenswert ist diese Haltung auch für alle Vortragenden.

Häufiger anzutreffen sind ständige Stand- und Spielbeinwechsel, die bei zu hoher Frequenz zu Unruhe im Publikum führen können. Lebendige Kommunikationspartner wechseln häufiger Stand- und Spielbein. Das gehört zu ihnen und sollte nur verändert werden, wenn sich das Umfeld im großen Maße darüber beschwert.

Ungünstig auswirken kann es sich, wenn man zu tief oder zu nah an die/den Kommunikationspartner heranläuft. So kann es zu einem negativen Eindruck kommen, „der oder die kommt mir zu nahe".

Es hängt zudem vom Vortrag und vom Ort ab. Ein hoch motivierender und motivierter Redner, der eine Betriebsmannschaft fit machen soll, darf oder muss sich sogar viel bewegen.

Zu seltene Wechsel wirken ungleichgewichtig, wenn Rumpf sowie Gestik und Mimik zu aktiv sind.

Bei differenzierterer Betrachtung erkennen wir die Komplexität der Körpersprache. Es ist ein Zusammenspiel zwischen den oben genannten Ebenen. Wichtig ist der Charakter des Vortragenden oder des Verkäufers: Ist er eher schüchtern oder eher extrovertiert? Was wird verkauft oder besprochen?

Ein Mediator, ein Vermittler zwischen den Fronten, z. B. ein Abteilungsleiter, der ein konfliktgeladenes Thema besprechen möchte, darf nicht zu viel Motorik und Bewegungen in den Beinen und im gesamten Körper zeigen. Haben er und das Team eine Lösung gefunden und möchte er die Mannschaft motivieren, einen neuen Weg zu gehen, wird Lebendigkeit hingegen das Maß aller Dinge sein.

Während wir laufen, im Kundengespräch oder als Moderator, sprechen wir zum Auditorium. Das ist für uns eigentlich normal, wir machen uns keine Gedanken darüber. Das kann allerdings je nach Mensch hektisch oder auch zu unflexibel in der Beinhaltung wirken.

Sprachlich schön finde ich den Satz: Wir reden laufend. Erst wenn wir „uns selbst im Wege stehen", „ins Stolpern kommen", „jemandem auf die Füße treten", „einen Fehltritt landen" oder ausrutschen, „auf die Schnauze fliegen", „eine Bruchlandung hinlegen" etc. fragen wir uns, wie wir das besser machen könnten. Auch ein Feedback mit kritischen Aussagen zwingt uns zum Nachdenken.
Eine alte Schauspielregel sagt: *Zeige dich deinem Publikum.* Das Publikum sollte das Gesicht, die Gestik, Mimik, Körpersprache und Sprache des Schauspielers sehen und hören. Die Beinarbeit ermöglicht eine Grundstellung zum Auditorium.

Übung 2: Grundstellung
Bei der Grundstellung stehen die Beine schulterbreit auseinander, beide Füße sind leicht nach außen und vorn gerichtet. Beide Beine dienen als Standbeine, so kann man problemlos in einen Standbein-Spielbein-Wechsel zur Entlastung oder Flexibilität übergehen. Aus der Grundposition aus ist es problemlos möglich, zu gewünschten Produkten, Broschüren oder Medien zu gehen.

Die Knie stehen locker und leicht eingeknickt, damit wir flexibel stehen können. Krampfadern in den Kniekehlen entstehen durch ständig durchgedrückte Knie – insbesondere Balletttänzer/-innen und Frauen, die regelmäßig Schuhe mit hohen Absätzen tragen, sind hier gefährdet –, ebenso sind dauerhafte Haltungsschäden wahrscheinlich. Prophylaxe und eine gute Grundposition können helfen.

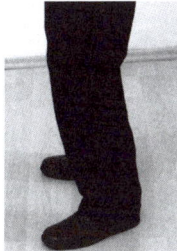

Grundstellung – Seitenansicht

Vermeiden Sie ungünstige Beinpositionen (z. B. Beine überkreuzen) in Verhandlungen. Vermeiden Sie auch einen zu breiten Stand; das sieht man sehr häufig bei jungen Männern.
Zu enge Bein-Fuß-Positionen sehe ich häufig bei Frauen. Sie machen sich kleiner, nehmen sich wenig Raum. Auch das Überkreuzen der Beine kann als Unsicherheit oder Verlegenheitsgeste interpretiert werden.

Praxistipp

Vermeiden Sie in einem Businessgespräch die dem direkten Nachbarplatz abgewandte Beinposition. Dies könnte als Desinteresse und Ablehnung gedeutet werden.

Übung 3: Don't-walk-and-talk-Prinzip:
Don't walk and talk! Diese Regel gilt nur für die Begrüßungssequenz. Der Sinn darin liegt in der Konzentration des ersten Eindrucks.

Sie laufen auf die „Bühne" und sagen erst mal nichts, bleiben stehen und lassen somit das Publikum langsam zu sich kommen. Die Zuschauer oder Kunden registrieren Sie möglicherweise erst ein paar Sekunden später und sind dann erst aufnahmebereit. Damit haben Sie mit einer einfachen Konzentration alle Augen auf sich gezogen, und Sie können jetzt richtig starten. Diese Regel nutze ich sowohl im Business, im Theater als auch im privaten Bereich.

Sie können diese Übung gut allein durchführen. Haben Sie einen Partner, ist das noch besser wegen des möglichen Feedbacks. Wenn Sie allein sind, stellen Sie sich einfach vor, da wäre Publikum. Sie laufen zu dem Zielpunkt, an dem Sie begrüßen wollen, bleiben stehen, schauen erst mal alle imaginären Zuschauer freundlich an, atmen tief in den Bauch ein und dann kurz und locker wieder aus, und dann sagen Sie: *Einen schönen guten Tag, meine Damen und Herren, sehr geehrte Gäste ...*
So ist auch noch Ihre Stimme locker, da der erste Druck ausgeatmet wird. Das ist der erste und wichtige Schritt zur Begrüßung.

> ### Praxistipp
>
> Ein guter Lehrer beginnt seinen Unterricht erst, wenn alle ruhig sind, ein Busfahrer startet erst, wenn der letzte Gast eingestiegen ist. Wir verlieren unsere Kunden schon bei der Begrüßung, wenn wir sie schnell mit zu vielen Worten und Gesten überrumpeln. Denken Sie daran: Der erste Eindruck zählt!

Wie laufe ich richtig zu Beginn meiner Präsentation oder während eines Kundenkontaktes?
Man sollte nicht extrem mit den Beinen nach innen oder außen laufen. Natürliches, nicht zu viel Raum einnehmendes oder zu introvertiertes Laufen ist zu empfehlen.
Das Tempo sollte eher ruhig sein, denn Sie werden ja jetzt schon gesehen und wahrgenommen.

Beim Laufen zu reden, also ein Gespräch zu führen und dabei zu bestimmen, wo es langgeht, kann tatsächlich auch gut und locker aussehen. Bei zu großem Bewegungsdrang, der der Seriosität einer Verhandlungssituation, eines Beratungs- oder Verkaufsgesprächs nicht dienlich sein kann, werden die Gesprächspartner jedoch unruhig reagieren. Der Redner wird vom Publikum gespiegelt.

Souveräne Verkäufer nutzen gern vitale Körpersprachephasen. Die Lebendigkeit gleicht hier in sich verharrende Situationen aus.

Übung 4: der Seitwärtswechselschritt

Ein weiterer wichtiger Körpersprache- und Bewegungsansatz ist der Seitwärtswechselschritt, mit dem man elegant nach rechts oder links oder von links nach rechts gelangt, und jederzeit den vollen Kunden- bzw. Zuhörerkontakt behält.

Gehe ich nach rechts, stehe ich auf dem rechten Standbein, das linke Spielbein bewegt sich nach rechts und überkreuzt hinter dem rechten Standbein. Gehe ich nach links, stehe ich auf dem linken Standbein und passiere mit dem rechten Bein. Das klingt komplizierter, als es ist.

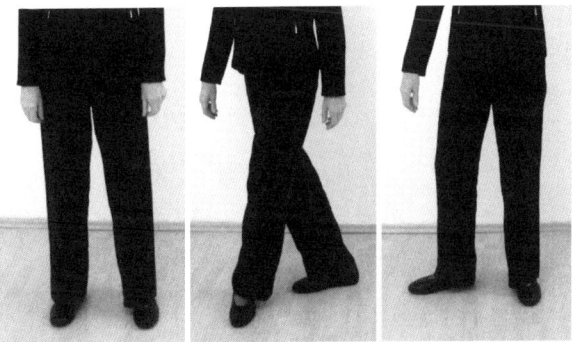

Der Seitwärtswechselschritt

Diese Schrittfolge kennen viele aus dem Sport oder vom Tanzen.

> Achtung! Den Seitwärtswechselschritt sollte man üben, sonst kann der Auftritt holprig und staksig wirken.

Diese Technik wenden Schauspieler, Tänzer und sehr routinierte Präsentatoren, die auf großen Bühnen zuhause sind, an. Auch in Kundengesprächen ist sie möglich, wenn sie als Routinetrance funktioniert. Unbewusst angewendet, erzeugt der Seitwärtswechselschritt große Wirkung.

Als Fußbremse wird die hochgezogene, auf die Kommunikationspartner gerichtete Fußspitze bezeichnet, bei der die Fußsohle sichtbar ist. Amerikaner und vor allem auch Muslime sehen diese als schmutzig an. Samy Molcho wertet sie als Kommunikationsbremse. Ich kann diese Meinung teilen. Probanden fühlen sich in der Rolle unwohl und bremsen unwillkürlich.

Übung 5: in die Tiefe laufen

Das ist eine Technik, die sich alle Bühnenmenschen zu eigen machen. Statt sich beim Zurücklaufen mit Kehrtwendung auf der Bühne zu bewegen, geht ein Schauspieler rückwärts.

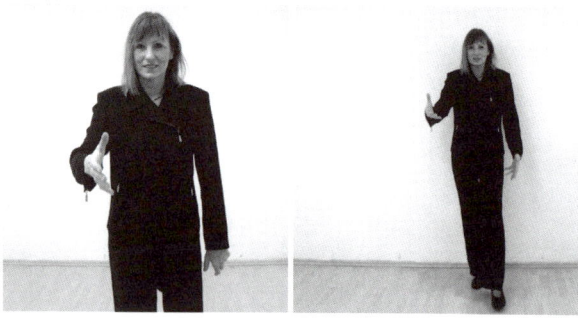

Rückwärts in die Tiefe laufen

Warum sollten wir rückwärts in die Tiefe laufen, anstatt uns umzuwenden? Der Grund ist einfach: Wir halten ständig Kontakt zum Publikum oder zum Kunden und können näher an ihn herankommen, uns aber auch elegant zurückziehen.

Einfach zu üben ist das mit einem Partner. Sie laufen auf den Partner zu, begrüßen ihn ganz herzlich, laufen rückwärts zurück, ohne sich umzudrehen, behalten Augenkontakt und reden über inhaltliche Dinge, bis Sie z. B. am Laptop oder am Flipchart angekommen sind.

Wechseln Sie dann mit Ihrem Partner die Rollen und üben Sie so lange, bis das Rückwärtslaufen sitzt. Achten Sie auf den Weg, den Sie zurückgehen. Damit Sie nicht stolpern, sollten Sie ihn vorher konzentriert ablaufen. Sie werden überrascht sein von der Wirkung. Die Zuschauer, Kunden, Studenten nehmen das nur unbewusst wahr, können das Erscheinen jedoch als souverän oder elegant, oft auch als präsent und authentisch beschreiben.

Der Rumpf

Als Rumpf wird der Körper ohne Arme, Beine und Kopf bezeichnet. Er ist der optische Mittelpunkt des Körpers.

Die Rumpfpositionen

Der Rumpf eines Menschen ist durch Muskulatur und Gelenke bestimmt. Die Rückenhilfsmuskulatur stabilisiert den Rumpf, der durch die S-förmige Wirbelsäule geprägt ist. S-förmig, weil wir von dem Vierfüßlergang bis zum aufrecht gehenden Menschen ausgehen.

Wir können uns nach vorn, hinten, rechts oder links bewegen.

Wesentlich für den Businessgebrauch ist die Grundposition mit aufrechtem Oberkörper.

Der Brustraum scheint bei näherem Hinsehen auch sehr interessant zu sein. Strecken wir die Brust nach vorn, wirkt das auf jeden Fall extrovertiert. Das kann als motivierender Ausdruck gelten, wird aber oft als aggressiv, auf jeden Fall eher negativ gewertet. Auch hier gibt es Ausnahmen.

Fußballtrainer wie Jürgen Klinsmann schwören ihre Mannschaft ein, sprechen zu den Spielern, zeigen Motivation, die auf die Spieler einwirkt – hier ist eine klare, unmissverständliche Körpersprache, Spannung im Brustbereich und Oberkörper deutlich zu sehen. Auch Oliver Kahn zeigte extreme Brustraumbewegungen, wenn er sich aufregte oder seine Mitspieler motivieren wollte. Er wirkte oft übermotiviert und aggressiv.

Übrigens wird in einigen Managerseminaren die leicht nach vorn gebeugte Körperhaltung empfohlen. Ohne weitere Erklärung sollen die Teilnehmer diese Position einnehmen. Hier ist Vorsicht geboten: Halten Sie „à la Klinsmann" einen Motivationsvortrag, kann das in Ordnung sein, es wird aber von vielen Empfängern als zu aufdringlich empfunden. Denken Sie daran:

Zwischen Motivations- und Aggressionsempfinden liegt nur ein schmaler Grat.

Übung 6: der „Macker"

Nehmen Sie bitte die Grundposition ein. Sie stehen aufrecht. Beugen Sie Ihren Oberkörper nach unten, lassen Sie Ihre Arme baumeln. Blut geht in den Kopf, das kann nie schaden.

Bitte nehmen Sie rechtzeitig Brille, Kugelschreiber, Mobiltelefon etc. aus Ihrer Hemdtasche. Die Hosentaschen sollten bei einem Profi ebenfalls leer sein, befreien Sie diese also bitte von Geldbörse, Schlüsselbund etc.

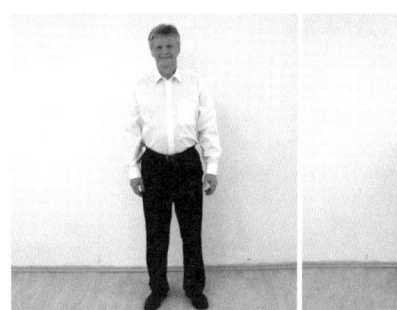

Grundposition – aufrecht und mit gebücktem Oberkörper

Bitte richten Sie sich jetzt langsam auf, strecken Sie die Brust extrem raus, vielleicht können Sie jetzt einen „halbstarken Macker" oder Choleriker gut imitieren (der hat übrigens Rasierklingen unter den Armen). Als Gruppenübung ist das sehr lustig.

Die „Macker"-Pose

Anmerkung: Da ich aus der Kurpfalz komme, spiele ich gern einen „Mannemer Prolo" – zu deutsch: einen einfach strukturierten, Ärger suchenden jungen Mann aus Mannheim. In dieser Position sage ich dann: *Was wilsch dann Du doo! Hääähhh?* – zu Deutsch: *Ich frage mich gerade, warum Sie jetzt an diesem Ort unserer Zusammenkunft zur gleichen Zeit Ihre Freizeitpläne deckungsgleich mit den meinigen ausrichten und sich erlauben, einfach friedlich herumzustehen, einen Blick auf die Umgebung zu werfen und regelmäßig ein- und auszuatmen.* Wie Sie sehen, ist eine reduzierte Sprache hier schneller am Ziel.

Die Position dieser Phase wird oft unwillkürlich eingenommen, im Kundengespräch könnte das der Motivation des Kunden dienen. Das Fluchthormon Adrenalin begünstigt diese Phase und führt schnell zu einem aggressiven Eindruck.
Diese Position wird heute eher als zu extrem betrachtet. Wir sprechen landläufig von einem „Chakka-Typ".

Übung 7: introvertierte Position

Nun drücken Sie auf Ihr Sternum, sodass Sie nach innen positioniert in eine introvertierte Position gelangen. Schultern nach vorn und innen gezogen, der Kopf geht unwillkürlich nach unten, Arme baumeln nach vorn oder sind unkoordiniert verschränkt.

Introvertierte Position

Dieses Gefühl der Beklemmung, Introvertiertheit macht einen devoten, unterdrückten Eindruck.

In dieser introvertierten Haltung gehe ich auf einen Teilnehmer zu und sage ihm: *Wenn wir zusammenarbeiten, können wir die Welt verändern.* Oder ich gehe auf eine Teilnehmerin zu und frage schüchtern: *Hast du Lust mit mir auszugehen?* Ich treffe auf immer gleiche Reaktionen, die Teilnehmer lachen, die Befragte sagt grundsätzlich: *nein danke.*

Übung 8: Pinguinübung

Nun drehen Sie Ihre Schultergelenke im Kreis und ziehen sie im nächsten Schritt gleichzeitig nach oben. Jetzt die Halsmuskulatur stark anspannen und halten, halten – und danach ruckartig die Schulterpartie fallen lassen. Durch diese Entspannung der Muskulatur erreichen Sie diese ausgeglichene Position.

Pinguinhaltung

Die Technik lehnt an das „progressive Muskelentspannen" nach Jacobson (1888–1983) an. Ich habe die Grundübung zur Pinguinübung weiterentwickelt. Ich bitte meine Teilnehmer, mit hochgezogenen Schultern wie ein Pinguin zu stehen und ein wenig hin und her zu wackeln. Dadurch entsteht meistens gute Stimmung, Motivation macht sich bemerkbar und alle machen das Gleiche. Gern bitte ich die Teilnehmer noch, mit dem Gesäß zu wackeln, das macht locker.

Die Führung muss natürlich der Seminarleiter übernehmen, er kann diese aber methodisch auch abgeben. Dadurch entsteht schnell eine Gruppengemeinschaft. Stellen Sie sich vor, Sie haben so eine positive Grundstimmung mit Ihren Kunden, mit Ihrem internationalen Geschäftspartner, mit Ihren Schülern.

Die „kalte Schulter"

Sie sollten es vermeiden, Ihren Zuhörern die kalte Schulter zu zeigen, also sich seitwärts zu positionieren, während Sie zu Ihrem Publikum sprechen.

Die „kalte Schulter"

Besonders oft geschieht das in Besprechungen. Sorgen Sie deshalb vorher für eine günstige Stuhlposition der Kommunikationspartner. Wenn die Besprechung erst begonnen hat, bringt es nichts mehr für die Situation.

Sie wissen nicht immer, wo der Entscheider sitzt, denn das muss nicht unbedingt der Geschäftsführer, sondern könnte auch ein Techniker, Ingenieur oder irgendein anderer Mitarbeiter sein – möglicherweise wird er oder sie auch erst zu einem solchen. Jedenfalls: Ihr Gegenüber möchte Sie von vorn sehen.

Natürlich gilt ebenfalls, und zwar sowohl im Theater als auch im Business: Zeigen Sie dem Publikum niemals den Rücken. Stattdessen können Sie beispielsweise den Seitwärtswechselschritt oder das „Rückwärts in die Tiefe laufen" anwenden, vgl. die Übungen 4 und 5.

Abgewandter Rücken

Auch evolutionär ist es Sinn gebend, sein Gegenüber im Blick zu behalten, denn:

> Ein wachsames Auge, ein wacher Geist und Körper verhelfen zur guten Kommunikation und auch zum Überleben.

Arme und Hände

Die Arme sind Extremitäten und hängen am Rumpf, gehören tatsächlich zum Körper dazu und zeigen unterschiedliche Wirkung. Mit den Armen kann man schwere Last tragen, mit der Hand differenzierte Dinge tun. Die Arme lassen sich unterteilen in Oberarm und Unterarm. Die Verbindung zwischen beiden, das Ellenbogengelenk, hat eine Art Scharnierfunktion. Kraftübertragung ist hier gut möglich.

Unzählige Sportler und Musiker nutzen ihre Extremitäten und kennen deren Funktion. Auch Polizisten, Pfarrer, Showmaster, Sänger, Tänzer etc. nutzen diese volle Entfaltungskraft der Arme.

Wir Menschen präsentieren und kommunizieren mit den Armen und Händen. Vermeiden sollten Sie hierbei Crossbewegungen. Das passiert sehr häufig, wenn man etwas zeigen möchte und sich so positioniert, dass sich die Arme überkreuzen.

Klassisches Seminarbeispiel: Der Präsentator steht frontal zu seinen Zuschauern und präsentiert seine Vortragsfolien.

Steht er als Rechtshänder rechts von seinem Laptop (der Beamer projiziert das Bild an die Wand), muss er, um weiterzuklicken, eine Crossbewegung machen. Er dreht die Schulter, den Arm nach links, der Oberkörper wendet sich zur Seite. Er zeigt die kalte Schulter. Zudem sind Sie jetzt stark gefährdet, zur Wand zu sprechen.

Von einem fairen Publikum werden Sie darauf hingewiesen, dass die rechts vor Ihnen sitzenden Kunden nichts mehr sehen können.

Die Hände sind sehr ausdrucksstark. Sie werden von uns unbewusst oder unwillkürlich eingesetzt. Kaum einer macht sich darüber Gedanken. Sie haben, wie schon erwähnt, historische und religiöse Bedeutungen und dienen dazu, Zeichen, Piktogramme oder auch Gefühle auszudrücken.

Der Daumen: Er ist zum Greifen da und hat eine immense Bedeutung im Alltag – schreiben Sie mal Ihren Namen ohne Daumen oder machen Sie sich einen Reißverschluss oder Knöpfe zu.

Der Daumen bestimmte in den Gladiatorenkämpfen der Römer über Leben und Tod. In meiner Jugend diente der Daumen mir und vielen anderen Menschen als Signalzeichen zum Trampen.

Der Zeigefinger zeigt auf etwas, er ist der Bestimmungsfinger. Aber denken Sie daran: Man zeigt nicht mit dem nackten Finger auf angezogene Leute!
Dieser Finger zeigt uns, wo es langgeht. Er kann in unübersichtlichen Situationen genial zur Wirkung kommen.

> Stellen Sie sich an einem Geburtstagsfest vor Ihre Verwandten und sagen, mit dem erhobenen Zeigerfinger bestimmend zu den betreffenden Verwandten deutend: *Du, Onkel, räumst auf, und du, Tochter, bringst die leeren Flaschen weg.*

Glauben Sie mir, Sie werden volle Aufmerksamkeit erlangen. Das Erheben weiterer Finger kann in dieser Position eher ungünstig sein.

> Restriktive Gesten können gut platziert sein z. B. bei einem Schiedsrichter, Platzanweiser, Dirigenten, Feuerwehrmann. Offene Gesten sind allerdings kommunikativ eher ratsam.

Der Mittelfinger galt lange als Machtfinger, er zeigte auf mächtige Positionen. Heute wird er weltweit als beleidigende Geste empfunden.

Der Ringfinger wird auch Gefühlsfinger genannt. Hier tragen wir den Ehering. Ob rechts oder links ist weltweit unterschiedlich. Meiner Erfahrung nach suchen sich die meisten Menschen einen Ankerfinger, an dem sie sich festhalten können. Das Fingerspiel scheint sie zu beruhigen. Hier wird der Ringfinger oft bevorzugt, weil ein dort getragener Ehering Halt bietet.

Der kleine Finger galt im Mittelalter als „Kratzfinger", unter den Perücken juckte es gewaltig und Körperhygiene war noch nicht stark verbreitet. Dieser Kratzfinger war immer schmutzig und durfte nicht in Kontakt mit Lebensmitteln oder Getränken kommen.

Im Laufe der Geschichte entwickelte sich daraus die Funktion des Etikettenfingers – abgespreizter Finger beim eleganten Trinken eines Sektes.

> ### Praxistipp
>
> Generell gilt: Zeige deinem Kunden oder deinen Zuschauern deine Handinnenflächen. Das wird unbewusst als friedliche Geste empfunden und sagt in etwa aus: „Ich komme in Frieden und ohne Waffen." Das wirkt respektvoll und einladend.
> Diese Handposition eignet sich auch zum Zeigen auf bestimmte Eckpunkte einer Präsentation, einer Pinnwand oder eines Flipcharts.

Der rhetorische Rahmen

Nun folgt eine Reihe von Übungen, die alle sehr wichtig sind, da sie große Auswirkungen auf die Kommunikationspartner zeigen.

Es ist der Bewegungsraum der Arme und Hände, der bei uns heutigen Menschen große Aufmerksamkeit erzeugt; wir erwarten die Gestik mit Armen und Händen geradezu. Der Bewegungsraum, in dem Arme und Hände angemessen gestikulieren, wird daher auch rhetorischer Rahmen genannt. Gestiken außerhalb dieses Bewegungsraumes wirken befremdlich auf uns oder gar belustigend – sie fallen aus unserem Muster, unserem Rahmen. Typische Beispiele für Menschen, die absichtlich aus dem Rahmen fallen, sind Komiker, Schauspieler oder Pantomimen.

- Charlie Chaplin mit seinem Gang nach außen, seinem schwingenden Spazierstock.
- Mister Bean mit seinen angeklebten Oberarmen, seinen scheinbar unkontrollierbaren Bewegungen der Unterarme und seinen wie Gummi wirkenden Beinen.
- Dick und Doof mit ihren chaotischen Stolperaktionen.
- Otto Waalkes mit seinem Otto-Gang.

Alle diese Personen haben eine eigene, charakteristische Gestik entwickelt, die extreme Auswüchse zeigt.

Jugendliche, speziell in der Pubertät, oder auch viele Gruppen der Subkultur zeigen eine sich absichtlich von der Gesellschaft unterscheidende Körpersprache, in der Arme, Füße und Beine „aus dem Rahmen fallen". Die Hip-Hopper oder die Rapper sind lebendige Beispiele.

Bewegungen auf großen Bühnen und vor vielen Menschen werden bei professionellen Rednern größer und ausladender ausfallen. Die Gesten müssen den Situationen angepasst werden.
Ich hatte einmal das Vergnügen, vor 6.000 Zuschauern eine Live-Moderation mitzugestalten. Sie können sich vorstellen, wie groß Bewegungen und Gesten ausfallen mussten, um überhaupt Wirkung zu zeigen. Dort werden die Hände auch über dem Kopfniveau agieren, obwohl der Rahmen gesprengt wird. Ich spürte wahrlich die Wirkung von Körpersprache.

Übung 9: rhetorisches Fenster
Bei dieser Übung, die auch als amerikanische Einstellung (von Kameraeinstellung) genannt wird, nehmen Sie die Hände an die Hüften und bewegen sie parallel zum Boden auf Hüfthöhe auseinander, also nach rechts und links.

Das rhetorische Fenster 1

Dann führen Sie die Hände senkrecht nach oben bis zur Kopfoberkante.

Das rhetorische Fenster 2

Wenn die Hände auf Höhe der Oberkante angekommen sind, werden sie dort wieder zusammengeführt.
Danach führen Sie die beschriebene Bewegung bitte wieder zurück. Wiederholen Sie diese Übung zweimal, um den Rahmen zu verinnerlichen.

Das rhetorische Fenster 3

Gesten

Übung 10: enge oder große, offene Gesten

Bringen Sie sich zunächst in die Grundposition, der Oberkörper ist aufgerichtet. Dann werden die Arme innerhalb des Rahmens bewegt wie in Übung 9. Machen Sie diese Übung sehr bewusst, mit Musikbegleitung wird es einfacher. Nun bewegen Sie Ihre Oberarme ausschließlich über das Schultergelenk, d. h., der Unterarm erfährt noch keine Beachtung, in enge und dann in große Gesten.

Enge Geste

Große, offene Geste

Spüren Sie die engen Gesten: Wie fühlen Sie sich? Und wie fühlen Sie sich bei den großen Gesten?

Übung 11: der Unterarm
Sie stehen wie in Übung 9 beschrieben aufrecht, experimentieren nun aber mit einer Bewegung der Unterarme. Wie fühlen Sie sich?

Handeinsatz

Übung 12: Whisky-Schwenker-Haltung
Jetzt kommen die Hände zum Einsatz. Nehmen Sie wieder die Grundposition ein, und drehen Sie Ihre Hände so, dass man die Handinnenflächen sieht. Ich habe diese Position die Whisky-Schwenker-Haltung getauft. Jetzt nutzen Sie die Übungen 10 und 11 und kombinieren Sie diese mit dem Zeigen der Handinnenflächen.
Geübt wird jetzt die lockere Geste der linken Hand: Dazu hängt diese ganz locker neben dem Körper, ohne Kraft und Spannung. Die rechte Hand bewegt sich im rhetorischen Fenster.

Die Whisky-Schwenker-Haltung

In der Gruppenübung bitte ich die Teilnehmer, die Augen zu schließen, schöne Musik zu hören oder einer Begrüßungs-ansprache zu lauschen und zeitgleich die Hände und Arme der rechten Hand zu bewegen. Das führt zu einem guten Er-gebnis: Die Teilnehmer konzentrieren sich ausschließlich auf ihre Bewegungen und legen die Scheu der Zurschaustellung ab.

Sie können diese Übung auch allein vor einem großen Spie-gel machen. Der Nachteil daran ist: Sie fühlen sich aufgrund des Spiegelbildes irritiert. Das Spiegelbild dient wie beim Tanz der gezielten Eigenkontrolle, daran muss man sich erst gewöhnen. Einfacher ist generell das Arbeiten mit einer Videokamera.

Im Business gibt es für den Arme-Hände-Bereich einige Ges-ten bzw. Haltungen, die man vermeiden sollte:

- Stecken Sie die Hände nicht in die Hosentasche. Das wirkt (nach amerikanischem Vorbild „eine Hand immer an der Waffe") oft zu leger und arrogant oder unsicher.
- Stecken Sie ebenfalls nicht den Daumen Ihrer Hände in die Hosentasche – John Wayne lässt grüßen, das wirkt so, als würden Sie gleich die Waffe ziehen.

- Nehmen Sie Ihre Hände nicht hinter den Rücken. Das wirkt militärisch (preußische Haltung) und oberlehrerhaft.
- Wenn nicht unbedingt erforderlich, korrigieren Sie nicht zwischendurch den Sitz Ihrer Brille – auch das wirkt oberlehrerhaft.
- Korrigieren Sie ebenfalls nicht Ihre Frisur.
- Vermeiden Sie es, sich an der Nase zu jucken – von der anderen Seite der Betrachter sieht das so aus, als ob man in der Nase bohrt.
- Speziell für Männer: Glauben Sie mir, Ihr Bart ist seit der morgendlichen Rasur unwesentlich gewachsen, Ihr Schnurr- oder Vollbart ist immer noch an der gleichen Stelle – Sie brauchen es nicht durch gelegentliches Abtasten zu überprüfen.
- Stemmen Sie Ihre Hände nicht in die Hüften, das wirkt aggressiv oder unsicher.
- Vermeiden Sie auch Überkreuzbewegungen mit beiden verschränkten Armen.
- Das Zupfen an einer Jacke oder an einem Pullover gilt als unwillkürliche Geste des Flirts. Dadurch berührt man sich ständig und versucht sich dadurch sicherer zu fühlen. Als souveräner Präsentator sollten Sie so etwas vermeiden!

Übung 13: gezielter Fingereinsatz
Üben Sie jetzt den Einsatz von Handzeichen, gern auch mit geschlossenen Augen:
- Ein einfaches Handzeichen ist der gehobene Daumen: Die Daumeninnenseite ist dem Publikum zugewandt. – In den meisten Ländern der Welt ist das ein „Positivzeichen". In der Römerzeit bedeutete dieses Zeichen Leben oder Tod.
- Leicht zu zeigen ist auch die Aussage „bitte aufstehen".
- Wenn Sie mit den Fingern zählen, versuchen Sie es so, dass die Handinnenflächen trotz Zählens zu sehen sind. Für drei Punkte könnte das zum Beispiel so aussehen:

Fingereinsatz für das Anzeigen von „drei wichtigen Punkten"

• Auch das „Bitte Ruhe"-Zeichen oder die auffordernde Geste, sich hinzusetzen, ist leicht auszudrücken:

Fingereinsatz für das „Bitte Ruhe"-Zeichen

Übung 14: linke Hand

Jetzt wird die linke Hand aktiv, die rechte Hand ist ganz locker. Für viele Rechtshänder stellt das eine große Herausforderung dar. Aber es ist als Rechtshänder gut möglich, die linke Hand sinnvoll einzusetzen. Das trägt auch zu einer aktiveren Reflex- und Hirntätigkeit bei.

Jonglieren ist beispielsweise eine Trainingsmethode, um beide Gehirnhälften gleichermaßen zu trainieren.

Übung 15: rechte und linke Hand

Jetzt üben Sie, abwechselnd den rechten Arm und die rechte Hand, dann den linken Arm und die linke Hand einzusetzen und dabei die jeweils andere Hand ruhig zu halten.

Stellen Sie sich z. B. zwischen zwei Flipcharts oder Pinnwände, und zeigen Sie jeweils rechts und links auf die nächstliegenden Punkte und vermeiden Sie dabei sämtliche Crossbewegungen.

> Das Gesamtbild sollte jetzt sehr locker und gleichzeitig konzentriert wirken.

Im Berufsalltag sehe ich diese professionelle Variante sehr selten, im Gegenteil, die meisten Redner oder Verkäufer bauen viele Crossbewegungen ein. Wenn man das Prinzip mal erkannt hat, ist es gar nicht mehr schwer.

Übung 16: progressive Muskelentspannung

Oft wirken Redner verkrampft und unsicher, weil sie in der inaktiven Hand ein nervöses Fingerspiel oder sogar eine Faust zeigen. Dagegen hilft die folgende Übung: Spannen Sie den rechten Bizeps an und lassen gleichzeitig den linken Arm und die linke Hand locker. Danach spannen Sie den linken Bizeps an und lassen die rechte Hand locker.

Bizepsübung

Diese Übung findet man häufig im Sport. Sie hilft dabei, mit der inaktiven Hand locker und ruhig zu bleiben. Wenn es gelingt, ist der Gesamteindruck ebenfalls locker und ruhig.

Übung 17: Kombination geschlossener und offener Hände und Arme

Die Hände sind mittig vor dem Bauch zusammengezogen. Diese Position ist sehr häufig zu sehen.

Geschlossene Hände und Arme

Jetzt lösen Sie abwechselnd die rechte und die linke Hand.

Offene Hände und Arme

Dieser komplexe Ablauf hilft Ihnen, einen Lösungsschritt zu finden, um eine zu enge Arm-Hand-Position zu vermeiden.

Die mittige Position passt aber durchaus auch zu bestimmten Aussagen, z. B.: *Wir sind heute hier zusammengekommen* oder *Ich möchte nochmals zusammenfassen.* Zur Übung können Sie solche Sätze sehr gut nutzen.

Touch-Turn-and-Talk-Prinzip

Übung 18: TTT-Übung

Stellen Sie sich in Grundposition neben ein Flipchart, und zwar als Rechtshänder aus Sprecherwarte links daneben. Jetzt zeigen Sie nach rechts und berühren ein Element bzw. eine Information auf dem Flipchart (Touch).

Touch

Turn

Dann drehen Sie sich nach vorn (Turn) und schauen zu Ihrem Publikum (die rechte Hand bleibt auf dem Flipchart). Dann sprechen Sie (Talk) Richtung Publikum.

Talk

Das ist nicht einfach und wird im Berufsalltag oft falsch gemacht. Üben Sie den Vorgang so lange, bis er automatisiert, also ideomotorisch abläuft.

Die meisten Redner bzw. Verkäufer verlieren ihre Kunden exakt an dieser Stelle. Sie reden zum Produkt, zur Präsentation oder in den Monitor, aber nicht zu ihrer Zielgruppe. Außerdem zeigen sie ihrem Publikum Rücken und die kalte Schulter.

Fehler: abgewandter Rücken

Die Drei-Punkt-Kommunikation

Erfolg versprechend für Präsentationen ist auch die Drei-Punkt-Kommunikation. Dabei schaut das Publikum auf einen dritten Punkt – eine Tafel, ein Produkt, eine Folie, ein Flipchart oder einen Monitor.

Diese Medien erleichtern die Informationsvermittlung. Werden sie inhaltlich durch Bilder oder Slogans unterstützt, dann eröffnen sie auch einen gefühlsmäßigen Zugang. Dritte Punkte lockern die Kommunikation auf, schaffen Entspannung und Entzerrung.

Ein Medienwechsel ist ebenso sinnvoll wie die Körpersprache als Hinleitung zum Medium: Nutzen Sie Ihre Hände, Arme und Finger, um auf Ihren dritten Punkt aufmerksam zu machen. Er ist die beste Möglichkeit, um Ihr Publikum im Blick zu behalten.

Übung 19: freundliche Begrüßung

Üben Sie jetzt einen größeren Kombinationskomplex:

Sie benötigen ein Flipchart oder eine Tafel, einen Laptop oder ein großes Produkt, das Sie jemandem zeigen möchten. Dann stellen Sie sich vor, der Kunde sitzt oder steht vor Ihnen. Beispiel:

Sie kommen herein, bleiben stehen (don't walk and talk), schauen alle freundlich an und begrüßen das Publikum mit einem Lächeln, denn: *Ein Tag ohne ein Lächeln ist ein verlorener Tag,* sagte schon Charlie Chaplin.

Dann atmen Sie tief ein, sehr kurz aus und beginnen zu sprechen: *Schönen guten Tag … Mein Name ist … Wir haben drei wichtige Punkte zu besprechen* (Touch, Turn and Talk): *Punkt 1 ist unsere Firmengeschichte,* (Touch, Turn and Talk): *Punkt 2 die Energieleistungskurve und Punkt 3 sind die Zukunftsaussichten* (Touch, Turn and Talk). (…) *Begrüßen möchte ich noch Herrn Meier* (Handzeichen zu ihm hin) *und Frau Müller* (weiteres Handzeichen). (…)

Es gibt ein Auf (Aufwärtsbewegung der rechten oder linken Hand) *und Ab* (Abwärtsbewegung der anderen Hand). (...) *Das Gebilde ist rund* (Hände formen eine Kugel) etc.

Beachten Sie: Hier kommt es erst einmal nicht auf den genauen Wortlaut an, sondern auf die Arm- und Handbewegungen. Speziell die Hände haben eine unglaubliche Ausdruckskraft.

Üben Sie gelassen und doch konzentriert, allein oder in der Gruppe. Üben Sie vor dem Spiegel, besser aber vor der Kamera oder vor und mit Kollegen.

Diese kombinierte Übung ist sehr praxisnah, weil sie sehr komplex ist. Doch bevor Sie sie durchführen, sollten die Teilübungen gut sitzen. Sie bauen aufeinander auf.

Ankern

Übung 20: Ankerübung

Bei der folgenden Übung kann man sich an seinem „Anker" festhalten und, viel wichtiger, man kann diesen Anker auch noch sinnvoll einsetzen.

> Als Anker eignen sich beispielsweise der Eddingstift, der Laserpointer, die mobile Maus zum weiterklicken oder das Mikrofon.

Viele Rhetoriktrainer empfehlen ihren Teilnehmern, immer einen Stift zur Hand zu nehmen, um die Unsicherheit der Hand- und Armposition zu überdecken. Nach meiner und der Erfahrung vieler meiner Teilnehmer wirkt dieses Festhalten jedoch etwas zu statisch und teilweise verkrampft. Haben Sie eine Videoaufzeichnung, können Sie sich selbst ein Bild davon machen.

In der Realität sehe ich in 80 Prozent der Fälle die rechte und linke Hand mittig geankert.

Rechte und linke Hand mittig geankert

Das ist die einfachste Variante, die man durchaus locker gestalten kann. Diese Variante ist die zweitbeste Lösung. Positiv daran ist, dass Ihre Hände und Arme im rhetorischen Fenster bleiben.

Eher negativ wirkt die etwas festgehaltene, starre Hand-Arm-Position. Dieses passive und wenig flexible Bild kann sich auch in dem Gehirn Ihres Kunden festsetzen.

Übung 21: variable Handübung

Hier halten Sie den Laserpointer in Ihrer Spielhand, als Rechtshänder ist das die rechte Hand. Sie stehen links von Ihrem Laptop und präsentieren nach vorn, wo Ihre Zuhörer sitzen.

Jetzt zeigen Sie bewusst mit Ihrem Laserpointer kurz nach hinten, drehen Ihren Kopf nach vorn und sagen z. B.: *Hier sehen Sie folgende Ergebnisse* ... (Touch, Turn, Talk). Danach lassen Sie den Laserpointer in der rechten Hand und bitten einen imaginären Kunden mit der linken Hand um seinen Kommentar, z. B.: *Ja, Herr Dr. Müller-Lüdenscheid, Sie haben eine Frage?*

Diese Situation wird ein geübter Leser oder Präsentator genießen: Der rechte Arm ist locker und der linke ist aktiv im rhetorischen Fenster.

Rechter Arm locker, linker Arm aktiv im rhetorischen Fenster

Eine Erweiterung für fortgeschrittene Verkäufer und Präsentatoren: Sie beginnen wie in Übung 21, übergeben dann mittig innerhalb des rhetorischen Rahmens den Laserpointer an die linke Hand und nehmen dann eine Wortmeldung rechts vor Ihnen mit Ihrer rechten Handgeste entgegen.

Dirigentenübungen

Übung 22: Dirigentenübung 1

Sie stehen mit beiden Beinen fest auf dem Boden, die Füße sind wie festgeklebt. Sie können jetzt mit geschlossenen Augen die Motorik und die Möglichkeiten des Oberkörpers, des Kopfes und der Arme ausprobieren. Lassen Sie dazu entweder Musik laufen, oder machen Sie diese Übung stumm. In einer großen Gruppe ist unterstützende Musik aber die beste Lösung.

Dirigentenübung 1

Übung 23: Dirigentenübung 2

Wie in Übung 22 stehen Sie mit beiden Beinen fest auf dem Boden. Jetzt lösen Sie Ihre Füße etwas vom Boden und nehmen den Raum um Sie herum wahr.

Dirigentenübung 2

Stellen Sie sich beispielsweise ein Orchester vor, das gerade spielt. Meine Empfehlung: Legen Sie klassische Musik auf oder auch orchestralen Jazz-Folk oder Rockmusik. Das macht Sie locker.

Durch die freie Bewegung im gesamten Körper entsteht eine Raumwahrnehmung, die geschult und immer weiter entwickelt werden kann. Sie nehmen immer mehr oder weniger Raum in einer Kommunikationssituation ein.

Praxistipp

Wenn Sie dran sind zu führen, sollten Sie sich Raum nehmen. Führt hingegen der Kunde, so darf dieser sich Raum nehmen. Führen beide gleichzeitig, gibt es ein absolutes Chaos!

Paradoxe Übung

Die nächste Übung soll das rhetorische Fenster nochmals humorvoll parodieren.

Übung 24: der „verrückte Präsentator"

Laufen Sie einmal wie Charlie Chaplin, Sie können das! Oder: Begrüßen Sie Ihren Kunden wie Mister Bean oder Otto.

Bewegende Freude

Norman

Der Autor als Chaplin

Sich auf eine solche paradoxe Situation einzulassen, ist einfach toll.

> Sie werden viele Gesten und Körpersprachesituationen in Zukunft vermeiden können, weil Sie die lustigen Muster der Komiker nachspielen konnten.

Gesicht und Mimik

Die Atemhilfsmuskulatur des Rückens, die bei fehlendem Sport und fehlender Bewegung verkümmert ist, kann durch ein gezieltes Rückentraining effektiv trainiert werden. Das Zwerchfell hat die Funktion, das Lungenvolumen durch entsprechendes Training zu beeinflussen.

Atemübungen

Übung 25: Einatmen – Bauch raus

Sie stehen in der Grundposition, den Kopf gerade und aufrecht. Jetzt atmen Sie in den Brustkorb, als ob Sie einen Hundertmeterlauf absolvieren würden. – Diese schnelle Atmung bringt Ihnen den nötigen Sauerstoff, den Sie normalerweise bei diesem Lauf sofort abatmen.

> In einer Businesssituation sollten Sie diese Atmung jedoch nicht einsetzen, denn die Gefahr, einen Schwindel oder gar ein Blackout zu bekommen, ist groß.

Auf jeden Fall können Sie mit der Bauchatmung eine Atemtechnik nutzen, die sich Sportler und Künstler aller Art zu Nutze machen.
Sie nehmen beide Hände auf den Bauch und atmen genau dorthin. Das bedeutet, Sie atmen so ein, dass sich Ihre Bauchdecke hebt, im Stehen also nach vorn, im Liegen nach oben geht. Meine Empfehlung: Im Liegen geht es viel einfacher.

Bauchatmung – einatmen

Üben Sie diese Atmung so lange, bis es klappt. Mit etwas Geduld kann das jeder lernen. Die meisten Frauen, die ich in meinen Seminaren erlebe, haben damit kaum Schwierigkeiten. Männer müssen sich nur darauf einlassen.

Übung 26: Ausatmen – Bauch rein

Jetzt atmen Sie wieder aus, die Bauchdecke senkt sich deutlich nach innen oder unten. Ihre Hände liegen wieder auf der Bauchdecke.

Bauchatmung – ausatmen

Danach kombinieren Sie die Übungen 25 und 26, atmen also erst bewusst ein und dann bewusst aus.

Übung 27: lockere, kontrollierte Atmung

Die Muskulatur ist jetzt entspannt. Sie atmen locker und langsam in den Bauch ein, halten kurz die Luft an, atmen dann wieder locker und langsam aus.

Durch eine Lippenbremse lässt sich dieser Vorgang noch verlangsamen: Die Zungenspitze liegt mittig zwischen den Schneidezähnen und den unteren Zähnen, die Lippen sind oval geformt und eng gestellt. Dadurch sind Sie gezwungen, langsam auszuatmen.

Diese Übung hilft Ihnen zum ökonomischen Einsatz Ihres Sprachflusses. Alle guten Sänger nutzen diese Technik, bewusst oder unbewusst. Möglicherweise sind Sie ein Naturtalent und wenden diese Technik auch unbewusst an.

Der Nutzen dieser Technik liegt klar auf der Hand. Sie können bei guter Übung Ihre Ausatmungszeit locker verdoppeln, dadurch geraten Sie nicht mehr in Atemnot – als Businesstool absolut empfehlenswert.

So beeinflussen Sie natürlich auch die Reaktion Ihrer Kunden, die sich bei Ihnen auch wohler fühlen, möglicherweise Ihre Informationen besser verarbeiten können. Denken Sie nochmals an die Mehrabian-Studie: Immerhin sind 38 Prozent der Erfolgsfaktoren durch die Stimme und den Sprachfluss geprägt.

Übung 28: kleine Atem-Sprech-Übung

Die kleine Atem-Sprech-Übung möchte ich Ihnen nicht vorenthalten: Sie atmen ein, halten kurz den Atem an, atmen langsam wieder aus. Ist der erste Druck entwichen, können Sie problemlos locker sprechen. Ihre Sprache wirkt ohne Druck, die Gefahr des Stimmeüberschlagens ist gebannt.

Diese Technik nutzen viele Sängerinnen und Sänger. Die Stimme wirkt sofort locker und gelassen.

Umgang mit Blickkontakten

Meine Erfahrung zeigt, dass jeder – während eines Vortrags oder in einem Beratungsgespräch etc. – gern angeschaut werden möchte, manch ein Kunde nimmt es dem Berater sogar übel, wenn er keine Aufmerksamkeit bekommt.

Übung 29: Augenkontakte

Haben Sie mehrere Kommunikationspartner, sollten Sie diese auch anschauen. Sind es bis zu 20 Personen, lassen Sie imaginär einen Ball auf einer Schnur von Gesicht zu Gesicht laufen.

Bei einem großen Auditorium, also 100 bis 400 Personen, gibt es zwei Möglichkeiten:

- Entweder Sie schauen erst mal nach freundlichen Zuschauern, die Ihnen durch Mimik und Gestik wohlwollend Zustimmung zeigen. Das ist nicht nur für unerfahrene oder junge Präsentatoren ein guter Tipp.
- Haben Sie ein großes Publikum, wissen aber nicht, wen Sie anschauen sollten, verfahren Sie nach dem „WM-Prinzip": Stellen Sie sich vor, die Buchstaben W und M liegen über den Köpfen des Publikums, der Publikumsfläche, und nun folgen Sie der Form dieser Buchstaben. Ihr Blick beginnt also bei W links hinten in der Ecke, läuft bis vorn halb links, geht dann weiter.

Bei einem sehr großen Publikum, z. B. 300 bis mehrere Tausend Zuschauer, empfehle ich Ihnen, den Blick eines Theaterschauspielers anzuwenden: Sie schauen den Personen gar nicht in die Gesichter, sondern lassen Ihren Blick über die Köpfe schweifen, Sie konzentrieren sich vielleicht auf einen imaginären Punkt an der Wand.

Dadurch fühlen sich Zuschauer tatsächlich angeschaut. Und fühlen sie sich angeschaut, so sind sie auch konzentriert bei der Sache.

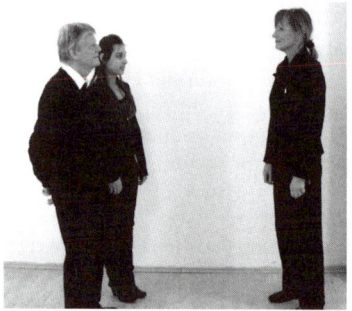

Blick über die Köpfe hinweg

Übung 30: Kombinationsübung
Sie laufen auf der Bühne zu Ihrem Ausgangspunkt, der in der Bühnenmitte liegen sollte.

Dort stehen Sie erst ruhig, zeigen ein freundliches Gesicht, schauen die Zuschauer an und atmen tief ein. Danach atmen Sie kurz aus und sagen mit lockerer Stimme: *Schönen guten Tag, meine Damen und Herren ...*

Die Nase

An der Nase erkennt man sofort die Richtung der geistigen Aufmerksamkeit, sie ist Navigator des Menschen und spielt im Businessbereich eine wichtige Rolle.

Übung 31: der Navigator
Versuchen Sie einmal, unterschiedliche Persönlichkeitsmerkmale auszudrücken. Arroganz zeigt sich beispielsweise

an einer erhöhten Kopfhaltung (hochnäsig), Unterwürfigkeit zeigt sich an einer gesenkten Kopfhaltung etc.

Devote Haltung: Nase ist nach unten gerichtet

In der Praxis sollten Sie extreme Nasenpositionierungen natürlich vermeiden.

Hier stehen Sie am besten aufrecht, der Kopf sitzt locker und gerade. Die Nase zeigt geradeaus nach vorn. Stellen Sie sich vor, einen Apfel auf dem Kopf balancieren zu müssen.

Ausrichtung der Nase nach vorn

Mimikübungen

Trainieren Sie jetzt bitte Ihre Mimikfähigkeiten. Es gibt rund 80 Gesichtsmuskeln, die wir mehr oder weniger oft einsetzen. Diese sollten Sie sich möglichst bewusst machen.

Übung 32: Kaugummiübung
Stellen Sie sich aufrecht, und schütteln Sie den Kopf ganz schnell, sodass die Gesichtsmuskulatur durchgerüttelt wird. Das kostet zwar ein wenig Überwindung, sorgt aber dafür, dass Sie locker werden. Danach spielen Sie, dass Sie ein Kaugummi kauen. Übertreiben Sie ruhig ein wenig.
Anschließend halten Sie den Kopf wieder ganz ruhig: Sie werden feststellen, dass Sie tatsächlich Ihr durchblutetes Gesicht spüren.

Übung 33: Mimik-Interpretation
Nehmen Sie eine Hand auf Kopfhöhe und nehmen Sie eine Position ein, als ob Sie in einen kleinen Spiegel schauen würden, ca. 40 cm entfernt. Dann zeigen Sie eine konzentrierte Mimik, etwa so:

Mimik konzentriert

Danach versuchen Sie eine leichte Verärgerung auszudrücken und nehmen eine entsprechende Position ein. Das könnte wie folgt aussehen:

Mimik verärgert

Das ist eine interessante Gruppen- oder Partnerübung. Sie können die Übung aber auch allein durchführen, dann benötigen Sie eine Videokamera, mit der Sie sich aufnehmen.
Nach der Übung schauen Sie sich die Aufzeichnung an oder holen sich Ihr Partner-Feedback ein. Sie werden feststellen: zwischen hoher Konzentration und leichter Verärgerung ist nur ein schmaler Grat.

Übung 34: zurückweichende Rumpf- oder Kopfposition
Zuerst gehen Sie in die Ausgangsposition. Spielen Sie nun ein Positiv-überrascht-Sein, stellen Sie sich vor, Sie würden eine gute Nachricht hören.
Im zweiten Schritt spielen Sie ein leichtes Geschockt-Sein. Auch hier liegt ein schmaler Grad.

Übung 35: Gesichtsgymnastik
Trainieren und spüren Sie bewusst Ihr Gesicht und die folgenden Bewegungen:
- Ziehen Sie bewusst die Augen nach oben,
- runzeln Sie die Stirn,
- heben Sie das Haupt und den Haaransatz,
- ziehen Sie den Mundwinkel nach rechts und dann nach links oben,

- machen Sie einen spitzen Mund,
- ziehen Sie die Gesichtsmuskeln nach unten
- etc.

Spüren Sie den Unterschied zu vorher? Lustigerweise können ca. 10 Prozent meiner Teilnehmer mit einem oder zwei Ohren wackeln.

Übung 36: Mimikübung mit dem Feedbackprinzip

Schreiben Sie sich zunächst selbst einen kleinen Mimikplan mit verschiedenen Gesichtsausdrücken, z. B.:
- freundlich,
- flirtend,
- aggressiv,
- nervös,
- leicht geschockt,
- hektisch,
- autoritär,
- hocherfreut.

Natürlich lässt sich diese Liste unendlich fortsetzen. Nun üben Sie sich in Interpretation: Welche der genannten Gesichtsausdrücke ordnen Sie den folgenden drei Abbildungen zu?

Bild 1

Bilder 2 und 3

Machen Sie diese Übung auch zusammen mit einem Kommunikationspartner, ob zuhause oder im Businesstraining. Das ist spannend und bringt neue Erkenntnisse: Wie komme ich rüber, wie werde ich gesehen.

Tauschen Sie dann mit Ihrem Partner die Rollen. Nehmen Sie die des Beobachters ein, und schreiben Sie auf, was Sie interpretieren.

Gesichtskommunikation

Übung 37: aktives Zuhören

Diese Übung soll zeigen, welche Signale Sie bewusst setzen können, um aktives Zuhören auszudrücken. Dazu brauchen Sie einen Partner oder eine Partnerin.

Stellen Sie sich folgende Situation vor: Sie treffen eine nette Kollegin nach Ihrem Urlaub, die zur gleichen Zeit wie Sie unterwegs war, und Sie tauschen sich aus. Anfangs führen Sie die Kommunikation und berichten von Ihren Erlebnissen. Dann bitten Sie die Kollegin, von ihrem Urlaub zu berichten. Jetzt zeigen Sie beim Zuhören aktiv mit Ihrer Körpersprache, dass Sie Interesse an dem Gesagten haben.

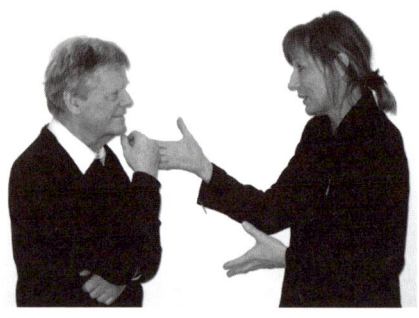

Aktives Zuhören

In den meisten Fällen „dokumentieren" wir das aktive Zuhören durch bestätigendes Kopfnicken oder auch mal Kopfschütteln. Hochgezogene Augenbrauen werden eher als kritisches Betrachten interpretiert – sie können aber auch volles Interesse bedeuten.

Führen und geführt werden

Übung 38: Einfrieren
Diese Übung ist empfehlenswert in großen Gruppen. Eine Person sucht sich einen Partner und führt mit ihm – unterstützt durch eine ganz natürliche Körpersprache – ein Gespräch. Dann gibt ein Zuschauer das Kommando: *Einfrieren!* Sofort bewegen sich beide nicht mehr. Nun wird die Kommu-

nikation aufgrund der sichtbaren Körpersprache von den anderen interpretiert. Danach werden die Rollen gewechselt.

Für den Profi

Übung 39: Begrüßungsübung

Begrüßungen sind in der industrialisierten, globalen Welt immer angepasster geworden. Selbst Asiaten nutzen heute die Hand zur Begrüßung der weltweiten Geschäftspartner.

Laut Freiherr von Knigge sollte der Händedruck fest sein, mit direktem Augenkontakt und nicht zu lange andauern. Der Arm ist leicht angewinkelt.

Üben Sie eine positive Begrüßung, holen Sie sich Sicherheit, experimentieren Sie und gewinnen Sie neue Erkenntnisse.

Übung 40: Leading and Pacing

In dieser Übung geht es um eine Abfolge von Bewegungen, die Sie aus der Praxis kennen. Stellen Sie sich z. B. vor, Sie bekämen Kundenbesuch. Meine Empfehlung für eine solche Situation sieht so aus:

Sie laufen zur verabredeten Zeit zum Treffpunkt, begrüßen Ihren Gast mit einem Handschlag, schauen ihm in die Augen, nehmen den vom Gast weiter entfernten Arm als richtungsweisenden Arm und zeigen den Weg.

Wenn es möglich ist, starten Sie locker den Small Talk und laufen parallel Richtung Büro. So können Sie während des Laufens sprechen. Ist der Gang zu eng, laufen Sie bitte voran, Sie befinden sich in Ihrer Höhle!

In Ihrem Büro angekommen, zeigen Sie eine große Geste mit dem Arm und weisen dem Gast seinen Platz zu. Nun fragen

Sie ihn nach seinem Getränkewunsch. Jetzt hat der Gast Zeit, sich zu akklimatisieren.

Holen Sie sich auch nach dieser Übung detailliertes Feedback ein und wechseln Sie dann die Rollen.

Bei Empfang eines Gastes

Knigge empfiehlt übrigens: Laufen ein Mann und eine Frau gemeinsam eine Treppe aufwärts, muss der Mann hinter der Frau laufen, damit er sie auffangen kann, wenn sie stolpert. Laufen Sie die Treppe abwärts, läuft der Herr aus dem gleichen Grund vor der Frau.

Das halte ich, ehrlich gesagt, für etwas überholt, Freiherr von Knigge wird es mir verzeihen!

Abschluss

Der letzte Eindruck bleibt. Diese Regel gilt für jede Kommunikationsform, ob Verkaufsgespräch oder Präsentation, Beratung oder Schulung. Hier liegt natürlich auch die Chance in der Körpersprache.

Übung 41: Ende eines Vortrags

Wenn Sie einen Vortrag beenden, empfehle ich: Fassen Sie noch einmal die Hauptpunkte des Themas zusammen, beispielsweise mit solchen Einleitungen:

- *Wir haben heute über ... gesprochen. Zusammenfassend kann ich sagen ...*
- *Für die Zukunft wollen wir vereinbaren ...* oder *Für die Zukunft wurde vereinbart ...*
- *Wir haben drei Lösungsmöglichkeiten gesehen, nämlich ...*

Die Körpersprache sollte in dieser Situation immer wieder eng geführt werden.

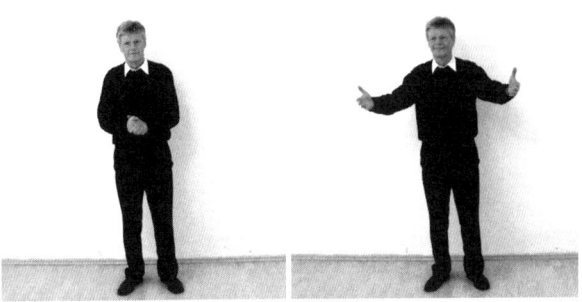

Körpersprache zum Abschluss eines Vortrags

Übung 42: mentaler und körperlicher Vorabdurchlauf

Das ist eine Übung, die auch Skifahrer, Eiskunstläufer, Schauspieler und Kunstflieger regelmäßig einsetzen. Für mich persönlich ein absolutes Muss.

In dieser Übung wird kein Wort gesprochen, es werden lediglich lange eintrainierte Abläufe in einem Kurzdurchlauf mental und körperlich durchgegangen. Die vorgegebene Zeit muss eingehalten werden.

Konkretes Beispiel: Sie halten eine Präsentation. Der Laptop steht an Position A, das Flipchart an Position B, die Kunden schauen sich gemeinsam ein fixiertes, schweres Modell an Position C an, und die benötigte Pinnwand steht an Position D.

Jetzt gehen Sie nach der sich später ergebenden Zeitlinie die Punkte mental ab, um Ihr Gehirn für die Performance zu trainieren.

Dieses Tool nutze ich sehr oft. Wenn ich es vergesse, ärgere ich mich über unnötige Wege und Unachtsamkeiten.

Körpersprache im Sitzen

Wann sollte ich stehen, wann sitzen? Meine grundsätzliche Empfehlung:

> Auf Augenhöhe kommen sollten Sie immer, wenn Sie intensive und gleichberechtigte Positionen suchen.

Speziell in allen Konfliktgesprächen sollten Sie auf gleiche Augenhöhe kommen. Als Präsentator, Lehrer oder Speaker sollten Sie hingegen unbedingt stehen. Das zeigt deutlich Ihre Dominanz, die Sie nutzen sollten.
Leider hat sich in einigen Firmen die sitzende Präsentation eingeschlichen, ich halte sie für weniger gut geeignet. Eine Teambesprechung kann hingegen gut auch im Sitzen geleitet werden, ab einer Teamgröße von 30 Personen ist aber eine stehende Moderation des Teamleiters sinnvoller.

Praxistipp

In allen 1:1-Positionen, in Beratungen, Verkaufs- oder Mitarbeiterbesprechungen suchen Sie bitte eine Sitzposition. Wichtige und persönliche Dinge sollten nicht „zwischen Tür und Angel" im Stehen besprochen werden.

Wollen Sie Autorität zeigen, stehen Sie auf beiden Beinen. Stellen Sie sich einen Fußballtrainer sitzend in einem Sessel vor, der taktische Anweisungen aus dieser Sesselposition heraus gibt.

Übung 43: Sitzposition

Befinden Sie sich in einer Verhandlung, einem Konflikt- oder Verkaufsgespräch oder in einer Beratung, sollten Sie unbedingt auf die Sitzposition achten.

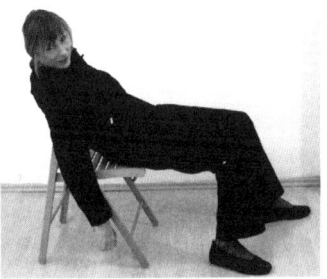

So sollten Sie nicht sitzen

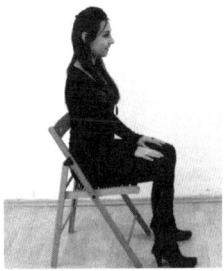

So sitzen Sie aufrecht und konzentriert

Führen Sie gerade die Konversation, sollten Sie mit dem Körper führen. Auch als Bewerber kann ich in Teilen des Gespräches die Führung übernehmen, was durchaus sinnvoll ist.

Führt Ihr Gesprächspartner, sollten Sie gut und aktiv zuhören, sich zurücknehmen und niemals unterbrechen. Respekt und Aufmerksamkeit zu zeigen, kommt immer gut an.

Die sitzende Grundposition: Setzen Sie sich aufrecht auf einen Stuhl, und zwar eher in den hinteren Bereich, also nahe der Sitzlehne, die Beine stehen beide auf dem Boden. Sie sollten sich nicht unbedingt anlehnen und auch nicht die Beine überschlagen. Diese Faktoren werden unbewusst als Unsicherheit wahrgenommen.

Physiotherapeuten und Ergonomen raten, am Arbeitsplatz in sitzender Position regelmäßig die Position leicht zu verändern, damit wechselnde Muskulaturgruppen aktiviert werden. Damit beugen Sie Verkrampfungen und Haltungsschäden vor.

Da die Stühle standardmäßig für Menschen mit einer Größe von 175–180 cm und mit einem Gewicht von max. 120 Kilogramm ausgelegt sind, bekommen kleinere und auch größere Personen Probleme mit der Sitzposition. Ratsam sind höhenverstellbare Schreibtischstühle und Tische.

Das Vorstellungsgespräch

Wenn Sie zu einem Vorstellungsgespräch eingeladen sind oder wenn Sie einen Geschäftspartner besuchen, ist es sehr interessant, vorab zu wissen, wie viele Personen Sie begrüßen werden. Die numerische Überlegenheit spielt eine wesentliche Rolle.

Auch wenn Sie „unterlegen" sind: Gehen Sie bewusst in die Höhle des Löwen und nehmen Sie den Kampf auf. Wichtig ist, dass Sie sich vorbereiten und eine realistische Erfolgschance sehen.

Generell gilt: Sind Sie Gastgeber, setzen Sie Ihre Besucher möglichst so, dass diese die Tür im Blick haben. Dadurch fühlt sich jeder Besucher wohl, denn das bietet eine Fluchtmöglichkeit. Präsentieren Sie an einem ovalen oder runden Tisch und sitzen Sie am besten in einer angewinkelten Position, nicht frontal!

Sie sollten Ihrem Gast – sei es ein Bewerber oder ein Geschäftspartner – zu Beginn etwas zu trinken anbieten, um ihm Zeit zu lassen zum Akklimatisieren. Behalten Sie immer das Wohl Ihres Gastes im Auge. Nicht zuletzt, weil Sie ihn und seine Potenziale dann auch besser kennenlernen.

Übung 44: in der sitzenden Position

Auf den folgenden beiden Bildern sehen Sie eine junge Frau im Vorstellungsgespräch mit zwei Personen.

Verlegenheitsgesten

Die junge Frau zeigt eindeutige Verlegenheitsgesten: Sie hat die Knie nach innen gedreht und die Hände liegen geschlossen mittig auf dem Schoß. Anders hier:

Offene Ausstrahlung

Hier erkennt man eine stabile Sitz- und Kopfposition mit offenen Arm- und Handgesten.

Umgang mit Moderationskarten

Übung 45: Notizen als Gedächtnisstütze
Diese Übung zeigt die Situation mit einer Moderationskarte oder einem Notizpapier. Die junge Frau hat auf dem Blatt verschiedene Notizen und will ein Thema präsentieren.

Notizzettel 1

So sollten Sie im professionellen Kontext niemals stehen, das wirkt verlegen und unpassend.

Notizzettel 2

Das zweite Bild zeigt eine offene Körpersprache und den ide-alen Umgang mit dem Blatt Papier, das fast gar nicht mehr wahrzunehmen ist.

Moderationskarten sind kleiner und handlicher und nutzen jedem Moderator in der Live-Situation.

> **Praxistipp**
>
> Als Bühnenmensch rate ich Ihnen, die Karten mit einem dicken Stift zu beschriften und dabei groß und deutlich zu schreiben.
> Zu empfehlen ist die Nummerierung der Karten. Dann können diese auch mal runterfallen – wie es nicht nur Thomas Gottschalk passierte.

Auf den Punkt gebracht

- Nehmen Sie sich viel Zeit, es lohnt sich.

- Üben Sie, sooft Sie können; die Reihenfolge können Sie, müssen Sie aber nicht einhalten. Üben Sie mit Spaß, allein oder im Kreis von Kollegen, Freunden.

- Wenn Sie Übungen mehrfach trainieren, gehen die Bewegungen in Fleisch und Blut über. Der Erfolg wird sich bald einstellen.

- Lassen Sie sich weitere kreative Ideen einfallen, mit Humor und Lachen geht es besser.

- Wenn Sie gut mit Musik lernen, nutzen Sie diese Möglichkeit.

- Also: üben, üben und nochmals üben.

8 Körpersprache und Analyse

Sinnvoll arbeiten mit der Kriterien-Checkliste

In einer Gruppe mit vielen Mitgliedern sind mindestens ebenso viele unterschiedliche Betrachtungsweisen zu finden. Jeder macht sich sein Bild, formt seine Realität.

> Beispielsweise könnte eine Teilnehmerin einen Verkäufer als sehr engagiert betrachten und dies mit dem leicht nach vorn gekippten Oberkörper begründen.
> Ein anderer Teilnehmer empfindet dies als eher aggressiv und aufdringlich.

Mithilfe Ihrer Kollegen und einer Gruppenmeinung können Sie ein objektives Bild bekommen über sich selbst: Ist die Eigenwahrnehmung deckungsgleich mit der Fremdwahrnehmung der Feedback-Geber? Diesen Zustand bezeichne ich als kongruent und ideal.

Kommen Sie hingegen ganz anders rüber, als Sie erwartet hätten, werden Sie früher oder später große Probleme bekommen.

> Die Feedback-Schleifen sind absolut wichtig.

Übrigens insbesondere dann, wenn Sie sich immer unterschätzen, denn in diesem Fall können Sie Ihr Potenzial nicht leben und laufen permanent Gefahr, übersehen zu werden.

Ich empfehle Folgendes:

- Machen Sie eine Videoanalyse.
- Schließen Sie einen Vertrag mit sich selbst.
- Setzen Sie Ihre Ziele um in einen Aktionsplan.

Videoanalyse

Setzen Sie – wenn möglich: regelmäßig – eine Videoanalyse ein.

Übung 46: „Kamera ab"
Ich empfehle Ihnen, in der Gruppe oder zu Hause Videoaufnahmen von Präsentationen und Ähnlichem zu machen.
Spielen Sie diese später ab und bewerten Sie dann während des Zuschauens anhand der nachstehenden Kriterienliste die einzelnen Ausprägungen.

Wenn Sie mit mehr als sechs Personen analysieren, sollten Sie die Bewertungen aufteilen: Zwei Personen bewerten die Punkte 1–9, zwei Personen die Punkte 10–16 und zwei Personen die Punkte 17–22. Sie können dann konzentriert sich selbst beobachten.

Kriterienliste zur Analyse

Gesamteindruck Körpersprache, Beine, Füße	–	0	+
1. Authentische Körpersprache	☐	☐	☐
2. Zeig dich von vorn!	☐	☐	☐
3. Touch-Turn-Talk-Prinzip angewendet	☐	☐	☐
4. Gutes und präsentes Standing	☐	☐	☐
5. Offene Körpersprache und Arme	☐	☐	☐
6. Empathische Fähigkeit, Leading and Pacing	☐	☐	☐
7. Angemessene Beinarbeit	☐	☐	☐
8. Standbein- und Spielbein-Einsatz	☐	☐	☐
9. Körpersprache stehend und/oder sitzend	☐	☐	☐

Rumpf und Gestik	–	0	+
10. Rumpfposition	☐	☐	☐
11. Schulterpartie	☐	☐	☐
12. Armeinsatz, Crossbewegung	☐	☐	☐
13. Handeinsatz und Finger, offene Hand	☐	☐	☐
14. Aus der Mitte agieren (neutrale Zone)	☐	☐	☐
15. Rhetorisches Fenster	☐	☐	☐
16. Lebendiger oder eher ruhiger Eindruck	☐	☐	☐

Kopf, Augen, Mimik	–	0	+
17. Freundliche Begrüßung, Mimik	☐	☐	☐
18. Augenposition ruhig und mittig	☐	☐	☐
19. Kopfposition	☐	☐	☐
20. Mimisches Verhalten bzw. Potenzial	☐	☐	☐
21. Augenkontakt	☐	☐	☐
22. Einsatz eines „dritten Punktes"	☐	☐	☐

Erklärungen:
- + steht für „hat mir sehr gut gefallen",
- 0 bedeutet „ich bin mir nicht ganz sicher" bzw. „ich kann es jetzt nicht beurteilen" oder „das war nicht relevant",
- – steht für „meiner Meinung nach verbesserungswürdig", „ich habe eine Lösungsidee",
- zu 22 vgl. S. 84.

Idealerweise steht ein Trainer zur Verfügung, der auch die Feedback-Runde gestalten kann. Ein Coach fasst zusammen und moderiert wertschätzend.
Motivation steht ganz oben auf meiner Agenda, im Idealfall die intrinsische – die von innen kommende – Motivation. Denn diese zeigt die größten Auswirkungen, nicht nur beim erwachsenen Menschen.

Vertrag mit mir selbst

Übung 47: vom Kopf auf das Papier

Nehmen Sie ein Blatt Papier zur Hand und verfahren Sie nach dem kreativen Gesetz: Setzen Sie einen Vertrag mit sich selbst auf. Schreiben Sie über Ihre Stärken, über Verbesserungspotenziale, und nutzen Sie Ihr großartiges Gehirn – es arbeitet, sobald es in Gang gesetzt wird.

Manifestieren Sie ein Ziel. Dieses Ziel sollte SMART sein:

- Spezifisch
- Messbar
- Ambitioniert
- Realistisch
- Terminiert

Formulieren Sie Ziele immer als positive Aussage, also niemals *ich möchte nicht mehr …*, denn das Gehirn überhört gerne das Wort „nicht".

Positiv formuliert wäre z. B.: *Wenn ich vor meinen Kunden präsentiere, werde ich alle anschauen und aufrecht stehen, zudem das Touch-Turn-Talk-Prinzip beachten.*

Das Aufschreiben dient zur Informationsübertragung, Festigung und Neuronenbefeuerung im Gehirn.

Sie denken, fühlen den Stift, schreiben auf und sehen letztendlich, was Sie geschrieben haben. Damit haben Sie es dokumentiert und können nach gegebener Zeit die Auswirkungen Ihrer Zielsetzung wahrnehmen und messen.

Unterschreiben Sie Ihren Vertrag mit sich selbst, holen Sie sich eine zweite Person, bestenfalls einen Trainingspartner oder Kollegen. Und beauftragen Sie diese Person, Sie nach einem vereinbarten Zeitraum zu kontrollieren.

Aktionsplan

Übung 48: Ziele umsetzen

Nach dem SMART-Prinzip können Sie Ihre Aktion planen. Meine persönliche Empfehlung: Fangen Sie mit einem kleinen Ziel, einer kleinen Aufgabe an.

Die Strategie der kleinen Schritte ist absolut empfehlenswert. Weniger ist oft mehr, speziell dann, wenn es zu der geplanten Veränderung führen soll.

> Ein Marathonlauf-Aktionsplan beginnt mit den kleinsten Schritten. Aus eigener Erfahrung wissen Sie: Es ist wichtig, für einen MarathonTurnschuhe, Turnhose und ein T-Shirt zu besitzen. Aber viel wichtiger ist es, anzufangen und loszulaufen und konsequent dranzubleiben.

Übertragen Sie diese Erfahrung auf Ihr Training der Körpersprache. Dann können Sie mit Spaß und Freude beginnen.

Auf den Punkt gebracht

- Erkennen und spüren Sie Ihre Stärken, arbeiten Sie dabei mit der Kriterienliste.

- Vergleichen Sie nach ein paar Wochen: Was hat sich verändert?

- Belohnen Sie sich nach erfolgreichen Veränderungen.

- Arbeiten Sie spielerisch und gehen Sie mit vermeidbaren Fehlern locker um.

- Bleiben Sie sich treu, authentisches Auftreten ist gefragt!

- Erkennen Sie Ihre Potenziale, schauen Sie nach Ihren Stärken, und bauen Sie diese aus. Das macht Sie einmalig.

- Denken Sie daran: Wir Menschen bilden immer Hypothesen. Kontextbezogene Reaktionen sind nicht grundsätzlich objektiv.

- Zeigen Sie sich dankbar für Feedbacks aller Art. Holen Sie sich Expertenmeinungen ein!

Literaturverzeichnis

Eberspächer, Hans: Gut sein, wenn's drauf ankommt. München ³2011

Gutzeit, Sabine F.: Die Stimme wirkungsvoll einsetzen. Weinheim ³2008

Klein, Hans Michael: Business-Etikette International. Berlin ²2009

Küstenmacher, Werner T./Seiwert, Lothar J.: Simplify your life. Frankfurt am Main ¹⁶2008

Molcho, Samy: Alles über Körpersprache. München ⁷2006

Oppel, Kai: Business Knigge international. Freiburg im Breisgau ³2011

Ornstein, Robert: Evolution des Bewusstseins. Freiburg im Breisgau1996

Revenstorf, Dirk/Zeyer, Reinhold: Hypnose lernen. Heidelberg ⁸2008

Schulz von Thun, Friedemann: Klarkommen mit sich selbst und anderen. Reinbek 2004

Schwing, Rainer/Fryszer, Andreas: Systemisches Handwerk. Göttingen ⁵2012

Stärk, Johannes: Überzeugend auftreten. Mannheim 2012

Topf, Cornelia: Präsentations-Torpedos entschärfen. München 2010

Watzlawick, Paul: Münchhausens Zopf. Bern ²2011

Stichwortverzeichnis

Karriere to go

Der Cornelsen-Scriptor-Podcast gibt wertvolle Businesstipps aus der Ratgeber-Reihe von Cornelsen Scriptor. Jeden Monat wartet weiteres spannendes Insiderwissen auf Sie. So sind Sie auch unterwegs immer bestens informiert.

www.cornelsen-scriptor.de/podcast